Spaniens vergessene Hunde

Rebecca Sytlof

Spaniens vergessene Hunde
Das Schicksal der Galgos

Mit einem Vorwort von Charlotte Link

Mariposa Verlag Berlin

Bibliografische Information Der Deutschen Nationalbibliothek
Die Deutsche Nationalbibliothek verzeichnet
diese Publikation in der Deutschen Nationalbibliografie;
detaillierte bibliografische Daten sind im Internet über
http://dnb.ddb.de abrufbar.
ISBN 978-3-927708-36-5

Fotos von
FAR FROM FEAR E.V. (www.tiervermittlung.org),
Petra und Yvonne Kumbier, Silke Otto, Ulrike Feifar,
Rebecca Sytlof, Rolf Schreiner
und von anderen, die nicht genannt werden möchten
Umschlagfotos: Yvonne Kumbier

3. Auflage 2007
© Mariposa Verlag Berlin
12205 Berlin
Fon 030 2157493
Fax 030 2159528
www.mariposa-verlag.de
Umschlaggestaltung: Anke Rahusen, Berlin

Alle Rechte vorbehalten

Für Asyca

und all ihre Artgenossen, die weiterhin ein Dasein ohne Liebe
auf spanischen Müllkippen fristen müssen ...

Vorwort

Obwohl ich seit vielen Jahren im Tierschutz aktiv bin, wusste ich bislang nichts von den Galgos. Jedenfalls nicht von ihrem besonderen Schicksal. Dass Windhunde zur Jagd und für Wettrennen eingesetzt werden, war mir bekannt, und irgendwann macht man sich als Tierschützer nicht mehr viele Illusionen: Wo immer Tiere ausschließlich dafür da sind, eine Funktion zu erfüllen und ihren Besitzern Geld einzubringen, sinken ihre Überlebenschancen dramatisch in dem Augenblick, da sie den Erwartungen nicht mehr zu entsprechen vermögen, älter, schwächer oder krank werden oder aus irgendwelchen anderen Gründen nicht länger genügend Profit abwerfen. Da das Einheimsen von Profit das Einzige ist, was den Menschen an ihrer Seite an sie bindet, braucht es nicht viel Phantasie sich auszumalen, in welch erbärmliche Lage sie geraten können, wenn ihre Leistungsfähigkeit – wie es nur natürlich ist – im Laufe der Jahre nachlässt.

Es braucht dazu nicht viel Phantasie?

Tatsächlich war ich überzeugt, nach jahrzehntelanger Tierschutzarbeit mit allen Wassern gewaschen und leider kaum mehr zu überraschen zu sein, wenngleich ich mir doch meine Erschütterbarkeit erhalten habe und weiterhin zu erhalten hoffe. Was ich aber über das Schicksal der Galgos erfuhr, als die Autorin des vorliegenden Buches an mich herantrat und mich um Unterstützung ihres Projektes bat, machte mich fassungslos und erfüllte mich sogar mit einer gewissen Ungläubigkeit, von der ich hoffte, sie werde sich als der richtige Instinkt erweisen und mich am Ende mit der mein Gemüt erleichternden Erkenntnis zurücklassen, dass das alles so schlimm dann doch nicht sei.

Meine Recherchen ergaben jedoch: Es stimmt. Es ist leider wahr. Alles, was in diesem Buch zu lesen ist über Hunde, die bei lebendigem Leib verbrannt, zu Tode gesteinigt, aufgehängt, erschlagen, hinter Autos hergeschleift werden, ist wahr. Berichte von abgehackten Pfoten, abgeschnittenen Schwänzen und Ohren, eingeschlagenen

Kiefern und Augen sind nicht etwa die übersteigerten Auswüchse einer etwas wilden Phantasie, sondern tagtägliche Realität. Die bestialischen Vergehen an wehrlosen Lebewesen passieren nicht hin und wieder, was an sich schlimm genug wäre, nein: Sie passieren ständig. Und das einzige Vergehen der Galgos, dieser hochsensiblen Hunde, besteht darin, dass sie nicht schnell und nicht kräftig genug waren, dass sie ihren Besitzer eine Rennwette haben verlieren lassen oder ihn bei einem Jagdausflug blamiert haben, weil andere die Beute erlegten und nicht sie. Todesstrafe für diese Hunde? Wäre zu wenig. Nur ein langsames, schmerzhaftes, qualvolles Ende der Tiere vermag die Ehre (??) der Besitzer wieder herzustellen.
Spanien im 21.Jahrhundert.

Was will dieses Buch?
Zum einen will es aufmerksam machen. Auf einen Missstand, der so fürchterlich und entsetzlich ist, dass längst ein Einschreiten von politischer Seite notwendig gewesen wäre. Spanien ist ein EU-Land und liegt fast vor unserer Haustür, es ist darüber hinaus eines der beliebtesten Ferienziele der Deutschen. Jeder sonnenhungrige Reisende sollte sich jedoch fragen, ob ein Urlaub in unmittelbarer Nähe halbverhungerter und grausam zu Tode gequälter Tiere wirklich die Freude und Entspannung bringt, die er sich für seine Ferienzeit wünscht. Das soll nicht heißen: Meidet Spanien! Die meisten Spanier beteiligen sich keineswegs an diesen Tierquälereien und sollen daher auch nicht durch ausbleibenden Tourismus bestraft werden. Aber es soll heißen: Haltet die Augen offen. Schaut nicht weg vor dem Elend dieser Tiere. Schweigt nicht betreten, sondern sprecht laut und deutlich für die, die selber keine Stimme haben. Nur klarer und wiederholter Protest vermag schließlich auf der gesetzgebenden Ebene etwas zu verändern.

Zum anderen will dieses Buch für die Galgos werben. So sehr auf längere Sicht das Ziel anzustreben ist, die Hunde, das heißt ihre Unversehrtheit und ihr Leben, unter gesetzlichen Schutz zu stellen, so notwendig ist es auch, den gequälten Tieren bis dahin die Chance zu geben, trotz ihrer schweren Traumatisierungen wieder ein wenig Lebensfreude zu empfinden, Vertrauen zu entwickeln und zu erfahren,

was es bedeuteten kann, von uns Menschen geliebt zu werden. Daher ist dieses Buch auch der Aufruf und die Bitte, Galgos zu adoptieren, sie zu sich zu nehmen und ihnen mit Geduld und Liebe die Würde zurückzugeben, die Menschen ihnen genommen haben. Eine der besonderen und wunderbaren Eigenschaften von Tieren ist ihre endlose Fähigkeit zu verzeihen. Ganz gleich, was Menschen ihnen angetan haben, sie sind bereit zu vergeben und von neuem voller Zuneigung und voller Bereitschaft zu lebenslanger Treue auf Menschen zuzugehen. Tiere geben uns immer wieder eine Chance. Unter all den Tieren, die im Laufe meines bisherigen Lebens mit mir lebten und die alle aus schlimmsten Umständen zu mir kamen und von Menschen zuvor nichts als Grausamkeiten erfahren hatten, gab es nicht eines, das mir und meiner Familie nicht mit grenzenloser Liebe und voller Bereitschaft zu einem unvoreingenommenen Neuanfang begegnet wäre.

Ein dritter Punkt liegt mir besonders am Herzen: Sehr oft erlebe ich es, dass mein Engagement für Tiere auf Unverständnis oder sogar Kritik stößt. In einer Welt, in der Menschen so sehr leiden, wie legitim ist es da, sich für Tiere einzusetzen?

Diese Frage stürzt mich immer wieder in tiefe Verwunderung. Denn sie setzt voraus, dass Menschen das Privileg genießen, in ihren Rechten auf Freiheit und Unversehrtheit geschützt zu werden, Tiere jedoch nicht. Zumindest bei weitem nicht mit derselben Konsequenz. Es überrascht mich dabei stets, mit welcher Überheblichkeit und zugleich Unbeirrbarkeit viele Menschen hier die Wege und Pläne des Weltenschöpfers, ob man ihn Gott nennt oder ihm andere Namen gibt, interpretieren und einseitig auslegen. Wie sicher können wir denn sein, dass er töten, ausbeuten, quälen, erniedrigen und vernichten gemeint hat, als er davon sprach, die Welt und ihre Geschöpfe untertan zu machen? Könnte er nicht auch schützen, erhalten, fördern und lieben im Sinn gehabt haben? Und wäre es dann nicht geradezu die Aufgabe eines jeden einzelnen von uns, sich dieser so sehr geschundenen und vielerorts völlig rechtlosen Geschöpfe anzunehmen und ihnen genau denselben Schutz zu gewähren, von dem wir völlig richtigerweise sagen, dass er jedem Menschen zustehen sollte?

Zudem ist es eine Illusion zu glauben, Tierschutz ließe sich vom Menschen trennen. Solange wir uns mit den Tieren eine Welt teilen,

solange steht auch das Leid der Tiere mit uns in enger Verbindung. Letztlich bleibt es in seiner Wirkung gleich, gegen wen Gewalt ausgeübt wird, ob gegen ein Kind, einen erwachsenen Menschen, gegen einen Hund oder ein Pferd: Jede Form von Gewalt, die von einer Gesellschaft toleriert wird, richtet sich am Ende gegen die Gesellschaft selber. Auch Gewalt gegen ein Tier senkt die Hemmschwelle, und für jedes Senken der Hemmschwelle zahlen wir alle den Preis. Wenn es in Spanien in Ordnung ist, dass bereits kleine Kinder einen Hund, der vor Hunger zu schwach ist wegzulaufen, zu Tode steinigen, während Erwachsene ihnen zusehen und sie für diese Tat loben, dann braucht es nicht viel sich vorzustellen, welche Art erwachsener Mensch aus diesen Kindern einmal werden wird. Jeder sollte sich die Frage stellen, ob er unter solchen Menschen leben möchte – immer die Möglichkeit einkalkulierend, selber einmal schwach, elend, hilfebedürftig und gleichzeitig vogelfrei zu sein. Man sollte sich in dieser Hinsicht nie allzu sehr in Sicherheit wähnen.

Der Schutz der Tiere ist gleichbedeutend mit dem der Schutz der Menschen, dies ist meine tiefste Überzeugung. Wenn dieses Buch nur ein wenig zum Wachsen dieses Verständnisses beiträgt, hat es seinen Sinn erfüllt.

Charlotte Link

Inhalt

Einführung
13

Leonardo, der Streuner
17

Ein Hundeleben
37

Der spanische Hund
43

Der Hund von der Müllkippe
91

Einzelschicksale in Wort und Bild
97

Einleitung

Das vorliegende Buch beschäftigt sich mit dem Schicksal der spanischen Galgos. Der Galgo Español ist der Windhund Spaniens und verfügt über ein enormes Maß an Ausdauer, Mut und Wendigkeit. Mit diesen Eigenschaften ist er nahezu prädestiniert für die Hasenjagd, die in dem unwegsamen und steinigen Gelände der spanischen Hochebenen auch heute noch in der Zeit von Oktober bis Januar weit verbreitet ist. Der Galgo Inglese ist eine Mischung aus Galgo Español und Greyhound und wird wegen seiner besonderen Schnelligkeit hauptsächlich auf der Rennbahn eingesetzt.

Wenn die Renn- oder Jagdsaison vorüber ist oder die Hunde den Anforderungen ihrer Besitzer nicht mehr genügen, sind die Galgos wertlos und werden auf brutalste Weise misshandelt. Mehrere Zehntausend kommen jährlich in Spanien zu Tode. Tierschutzorganisationen in aller Welt setzen sich unermüdlich und mit dem Einsatz ihrer ganzen Kraft dafür ein, dass den Hunden dieser sinnlose und grausame Tod erspart bleibt.

Das Buch besteht aus zwei Teilen. Der erste Teil umfasst vier Geschichten, die erzählen, wie die Galgos in Spanien von Tierschützern gerettet werden, wie sie nach Deutschland kommen und wie sie sich dort in ihren neuen Familien einleben. Die Handlungsorte sind dabei jeweils sehr verschieden, die Geschehnisse ähneln sich jedoch, da die Galgos in Spanien alle dasselbe Schicksal erleiden und die schrecklichen Erlebnisse, die diese Hunde mit sich herumtragen, in jede zukünftige Lebenssituation mit einfließen. Die Autorin weiß, wovon sie schreibt. Sie hat selber eine spanische Galga zu sich genommen und vieles, was sie in den Geschichten beschrieben hat, basiert auf ihren eigenen Erfahrungen.

Der zweite Teil stellt Einzelschicksale dar. Hier kommen die Tierschützer zu Wort, die ihre Berichte abgeben und dadurch umso deutlicher zeigen, was den zukünftigen Hundebesitzer erwartet, wenn er

einem geretteten Galgo ein neues Zuhause gibt. Zahlreiche Fotos sollen dem Betrachter einen klaren Eindruck von den Misshandlungen vermitteln, die die spanischen Galgos bis zu ihrer Rettung erleiden müssen. Die meisten dieser Hunde hatten Glück und sind inzwischen in guten Händen. Die positiven Entwicklungen, die sich meist sehr schnell einstellen, sind ebenfalls durch entsprechende Fotos dokumentiert.

Natürlich sitzen auch in deutschen Tierheimen Tausende von herrenlosen Hunden, die sehnlichst darauf warten, adoptiert zu werden. Niemand soll davon abgehalten werden, einen dieser Hunde aufzunehmen. Aber wer sich einmal mit dem Elend der Galgos in Spanien beschäftigt, wer die Bilder gesehen und die Berichte gelesen hat, den lässt der Gedanke nicht mehr los: Diese Hunde brauchen Pflege- und Adoptiveltern, und die spanischen Tierschützer brauchen vielfältige Unterstützung, um die Lebenssituation der Windhunde in Spanien grundlegend zu verändern. Das ist die einzige Überlebenschance der Galgos.

Galgos in einem spanischen Tierheim

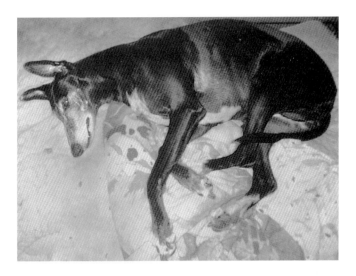

So schön kann ein Galgo-Leben nach der Rettung sein.

Leonardo, der Streuner

Er lebt seit einigen Monaten im Wald. Alleine oder zumindest so gut wie. Rehe gibt es dort, Füchse und andere Wildtiere. Aber sie flüchten vor ihm, und er ist der einzige seiner Art. Leonardo ist ein Hund. Ein ausgesetzter Hund. Wegwerf-Ware. Ungeliebt und überflüssig. Er ist ein Galgo Inglese, seine Mutter eine Galga Español, sein Vater ein Greyhound. Für die Rennbahn ist Leonardo gezüchtet worden. Der Galgo Español ist ausdauernd, der Greyhound schnell; Leonardo und seine Geschwister sollten die positiven Fähigkeiten beider Windhund-Rassen vereinen.

Seine Mutter ist längst tot. Sie wurde als Gebärmaschine missbraucht und musste viel zu früh Welpen auf die Welt bringen. Als sie krank wurde und ausgemergelt in ihrem Verschlag lag, fuhr der Besitzer sie in den Wald und warf sie dort aus dem Auto. Mit gebrochener Hüfte schleppte sie sich einige Tage herum, dann wurde sie erschossen. Aber davon weiß Leonardo nichts.

Während seine Geschwister ein elendes Leben als Windhunde auf der Rennbahn führen, hat er dafür nicht getaugt. Leonardo ist mit einer verkrüppelten Pfote zur Welt gekommen. Der Besitzer hatte das übersehen, sonst hätte er den Hund sicher sofort ertränkt oder erschlagen. Er kümmerte sich nicht um die Welpen. Der Mutterhündin warf er altes, verschimmeltes Brot, Kartoffelschalen oder faulige Reste in die Ecke. Das Wasser war dreckig und abgestanden. Welpen interessieren erst, wenn sie schnell wie der Wind laufen können und viel Geld einbringen, reinrassige Galgos Español als Hasenjäger, Galgos Inglese als Windhunde für die Rennbahn.

Leonardo humpelt ein wenig. Er ist halb verhungert und chronisch unterernährt, aber ansonsten ist er fit – den Umständen entsprechend. Leonardos Mutter wehrte sich nie, wenn sie getreten und geschlagen wurde. Nur ihre Augen weiteten sich, ihr Blick wurde immer furchtsamer. Sie duckte sich und zitterte. Sie jaulte und wollte flüchten. Sie hätte beißen und ihren Peiniger anspringen können,

aber sie erduldete alles. Leonardos Vater wurde ebenfalls geschlagen und misshandelt; auch der Greyhound wurde zusehends verstörter und ängstlicher. Aber er biss nicht, er knurrte nicht einmal. Er ließ sich quälen und litt still vor sich hin. Windhunde sind sanftmütige und duldsame Geschöpfe. Deswegen sind sie die geborenen Opfer. Sie sind zu lieb für diese Menschheit. Sie werden nicht aggressiv, auch wenn sie unzählige Misshandlungen einstecken. Nur äußerst selten wird ein Galgo zum Angstbeißer.

Leonardo überlebte, aber er wusste, dass er seinen Besitzer meiden musste. Als dieser ihn fand, schleppte er das Tier in den Wald und setzte es dort aus.

Und so lebt der Rüde im Wald. Seine Wunden und seine verkrüppelte Pfote machen es ihm nicht leicht, erfolgreich auf Nahrungssuche zu gehen. Leonardo schafft es nicht, Kaninchen zu fangen. Er ernährt sich von Schnecken und Würmern. Er frisst Gras und Wurzeln, belauert Mäuse und gräbt nach ihnen, doch auch diese fängt er nur selten. Und so magert er ab. Seine Wunden entzünden sich und ziehen Fliegen an, die sich darauf festsetzen und ihre Eier hineinlegen wollen. Das schmerzt sehr. Leonardo wird fast wahnsinnig. Wie verrückt schnappt er nach den aufdringlichen Plagegeistern.

Nachts friert er. Er rollt sich zusammen, kauert sich unter Büsche ins Gras und zittert. Einmal gerät er mit einem Fuchs aneinander. Es gibt eine wüste Keilerei, und Leonardo zieht den Kürzeren. Der Fuchs ist ein echtes Wildtier, er kann sich verteidigen. Leonardo schleicht davon.

Schließlich zieht es Leonardo doch wieder in die Nähe der Menschen. Er meidet zwar den Kontakt, denn er hat sie fürchten gelernt, aber ihre Müllhalden locken ihn. Er streift auf ihnen herum, schleckt Reste aus Blechdosen, zerfetzt halbleere Verpackungen und schlingt gierig die magere Ausbeute hinunter. Auch hungrige Mäuse findet er, die er fangen und verspeisen kann.

Leonardo hat Würmer. Auf der Müllhalde lauern aber noch ganz andere Gefahren. Der Galgo ist in das Revier fremder Straßenhunde eingedrungen, und diese verteidigen ihre angestammten Plätze erbittert. Einmal, als er gerade frisst, wird er von einem größeren Mischling angegriffen. Da Leonardo ausgehungert ist, weicht er nicht von

der Stelle. Er duckt sich, zeigt warnend die Zähne, schlingt aber gierig weiter. Leonardos Überlebenswille ist stark, denn sonst hätte er die letzten Wochen nicht überstehen können. Er verteidigt seine Beute gegen den großen Fremdling. Es kommt zu einer Beißerei, und Leonardo ist klar unterlegen. Er muss flüchten. Jammernd humpelt er davon und schleppt dabei seine verkrüppelte Pfote hinterher. Sein Bein ist verletzt, die Bisswunden sind tief und er findet keine Ecke mehr, in der er in Ruhe fressen kann. Auch sauberes Wasser findet er nicht, säuft aus umgekippten Tümpeln und läuft Gefahr, dadurch noch kränker zu werden. Überall sind Hunde. Hunde, die stärker sind als er und schneller, weil sie kein kaputtes Bein hinter sich herschleppen müssen. Leonardo ist am Ende. Er liegt am Waldrand, hebt nur noch müde den Kopf und schnappt nach den Fliegen. Er scheint dem Tod geweiht. Aber dann hat er Glück. Zum ersten Mal in seinem jammervollen Dasein hat er wirklich Glück, denn Leonardo wird in einer Lebendfalle gefangen, die von spanischen Tierschützern aufgestellt wurde.

Eine Frau hat den verhungerten und verwundeten Rüden beobachtet. Doch Leonardo ist zu scheu, um sich freiwillig einfangen zu lassen. Er hatte ein böses Erlebnis, das ihn beinahe das Leben kostete und an das er sich immer erinnern wird. Ein paar Kinder hatten ihn entdeckt und sich einen teuflischen Spaß daraus gemacht, den Hund mit großen Steinen zu bewerfen. Leonardo war verzweifelt in den Wald zurückgehumpelt, verfolgt von den grölenden Kindern, die nicht begreifen konnten, wie grausam und brutal ihr Verhalten war.

Beinahe wäre Leonardo getötet worden, denn ein schwerer Stein fiel ihm auf den Rücken, ein anderer traf seinen Kopf. Aber er nahm seine letzte Kraft zusammen und hinkte jaulend davon. Er versteckte sich und zitterte, bis die grölenden Peiniger, die ihn suchten, um ihn endgültig umzubringen, verschwunden waren. Das Futter lockte ihn schließlich in die Lebendfalle.

Leonardo wird abgeholt und in ein Tierheim gebracht. Er hat furchtbare Angst. Überall riecht es hier nach Menschen, und genau denen traut er nicht mehr. Doch er bekommt endlich etwas zu fressen und sauberes Wasser. Dann muss er von einem Tierarzt untersucht werden. Leonardo ist sicher, dass er nun endgültig umgebracht

wird. Zitternd und winselnd lässt er die Behandlung über sich ergehen. Er muss operiert werden, ist aber viel zu schwach, um die Narkose durchzustehen. Also bekommt er eine Spritze und wird in seine Box geführt.

Endlich kann Leonardo seine müden Knochen auf eine Decke legen. In den nächsten Tagen muss er weitere Spritzen bekommen, und man kämpft erbittert um sein Leben. Das jedoch hängt an einem seidenen Faden. Die spanischen Tierschützer geben ihr Bestes, alle wollen den halbtoten Rüden retten, aber es fehlt das Geld. Zu viele Hunde müssen tagtäglich versorgt werden. Alle sind in einem ähnlichen Zustand wie Leonardo, einigen geht es sogar noch schlechter. Sie sind traumatisiert, verstört, ängstlich und in jedem Fall schrecklich misshandelt und gequält worden.

Zu Leonardo kommen noch zwei halbtote Rüden in die Box, beides Galgos. Doch Leonardo fürchtet sich. Seit er auf der Müllkippe gebissen worden ist, hat er auch vor fremden Artgenossen Angst. Er drückt sich an das äußerste Ende des Zwingers, jault, schreit und schleppt sein kaputtes Bein über den Betonboden. Man beschließt, ihn wieder einzeln zu halten, und verlegt ihn zu den Katzen. Nirgendwo anders ist Platz. Der Rüde ist beruhigt, denn vor Katzen hat er keinerlei Angst. Als es kühler wird, kuschelt sich sogar ein Kätzchen an den Hund, sucht seine wohlige Nähe und wärmt sich an ihm. Der Hund lässt es sich gefallen, denn auch er friert leicht.

Dann ist es soweit. Leonardos Bein soll operiert werden, und bei dieser Gelegenheit wird er auch kastriert. Er soll keine weitere Narkose erleben müssen, denn niemand weiß, ob er diese doppelte Strapaze überstehen würde. Aber Leonardo hat sich inzwischen ein wenig erholt, seit er nicht mehr auf der Straße und auf der Müllhalde leben muss. Die Operation bewältigt er gut. Und nun wartet er. Was er nicht wissen kann, ist, dass er bereits im Internet steht. Ein Foto von ihm ist auch dabei und eine Beschreibung seines traurigen Schicksals.

Leonardo ist noch ziemlich jung, und er ist ein schönes und stolzes Tier. Das Tierheim, in dem er sich jetzt befindet, wird von spanischen Tierschützern geführt. Hier ist der Hund sicher. In den anderen Tierheimen sind staatliche Zwangstötungen angeordnet. Nach

wenigen Tagen müssen die Insassen umgebracht werden. Das ist Vorschrift, sonst wird das Tierheim ganz geschlossen. Egal, ob die Hunde jung oder alt, gesund oder krank sind, auch trächtige Hündinnen und winzige Welpen trifft diese grausame Vorschrift gnadenlos. Die meisten Hunde in den Tierheimen sind Galgos und Galgo-Mischlinge. Leonardo hatte großes Glück, dass er nicht in einer solchen Tötungsstationen gelandet war.

Bei den Galgueros – den spanischen Jägern, die ihre Hunde zur Hasenjagd schicken – geht es den Tieren mehr als nur schlecht. Zum Training werden sie hinten an Autos angebunden und müssen laufen, bis sie zusammenbrechen. Manche werden dabei zu Tode geschleift. Wer nicht durchhält, gilt als wertlos. Vor den Rennen oder Jagden bekommen die Hunde nur gerade soviel zu fressen, dass sie nicht verhungern, um dann aus lauter Gier besonders gute Leistungen zu erbringen. Wenn das Rennen oder die Jagd nicht erfolgreich verläuft, scheinen die Galgueros ihre »Ehre« verletzt, ja beschmutzt zu sehen. Die Schuld daran wird den Hunden zugeschoben. Je mehr nun ein Galguero sein Tier quält oder foltert, desto mehr meint er, diese »Ehre« wiederherstellen zu können. Die Grausamkeiten, die dabei praktiziert werden, überschreiten jede Phantasie. Die Hunde vegetieren in dunklen Verschlägen oder Zwingern auf nacktem Beton und werden tagtäglich misshandelt. Sie werden getreten und geschlagen und mit einem Strick oder einer Schlinge um den Hals an Bäume gehängt, so dass sie mit den Hinterläufen gerade noch den Boden berühren. Oft werden ihnen Ohren, Pfoten oder Ruten abgeschnitten. Sie werden bei lebendigem Leib verbrannt oder absichtlich mit Autos überfahren, gesteinigt oder erschossen. Manche sterben elend im Straßengraben oder werden halbtot auf Müllkippen geworfen. Einer Hündin hat ihr Galguero ein Auge zertreten. Erst begann er ihre Welpen totzutrampeln, und als sie sich schützend über den letzten legte, trat er ihr auf den Kopf. Der Welpe war tot, das Auge der Hündin wurde zerquetscht. Sie hockt nun ebenfalls im Tierheim und hat Todesangst vor Menschen. Ständig rechnet sie damit, dass jemand ihr etwas Böses antun will. Obwohl auch die Hündin schon lange im Internet steht, will sie bisher niemand haben. Das zer-

quetschte Auge und ihre Todesangst schrecken ab, außerdem ist sie alt und krank. Aber gerade diese Tiere brauchen jemanden, der sie aufnimmt. Sie haben es verdient, auch noch die schönen Seiten des Lebens kennen zu lernen.

Leonardo bekommt schließlich die Box neben der halbblinden Hündin. Eines Nachts erklimmt sie den zwei Meter hohen Zaun und klettert zu dem Rüden, weil sie sich alleine fürchtet. Vor Hunden hat sie keine Angst und vor dieser alten Galga fürchtet auch der junge Rüde sich nicht. Da Leonardo jetzt kastriert ist, darf die Hündin bleiben. So wird eine Box frei, in die sofort zwei weitere misshandelte, hochträchtige Galgas einziehen.

Und dann meldet sich eine Familie. Sie macht einen vernünftigen und kompetenten Eindruck. Es findet eine Vorkontrolle statt. Die Familie hat bereits zwei Hunde und scheint ernsthaft an Leonardo interessiert zu sein. So fliegt der Rüde mit seinem Flugpaten nach Deutschland. Die Reise ist anstrengend, bedeutet aber auch die Rettung. Lieber einen Flug erdulden und danach gerettet sein, als den Rest der Zeit von den Galgueros misshandelt zu werden oder – wie in manch einem Tierheim – auf den Tod zu warten.

Am Flughafen wird Leonardo von seiner neuen Familie erwartet. Die beiden Hunde, die von ihren Besitzern als absolut verträglich gegenüber männlichen Artgenossen beschrieben wurden, sind auch dabei. Aber einer der Hunde knurrt sofort fürchterlich. Das ist kein guter Start für den jungen Galgo. Er weigert sich, aus der Box zu steigen. Also wird er mitsamt der Hundehütte ins neue Auto geladen. Während der gesamten Rückfahrt knurrt der fremde Rüde weiter. Leonardo scheint vom Pech verfolgt, denn ausgerechnet ihn kann der Groenendael offensichtlich nicht riechen.

»Wir hätten ohne unsere Hunde fahren sollen. Das war keine gute Idee!«, schimpft der Familienvater. Er riecht nach Ärger und hat eine laute Stimme. Leonardo duckt sich in seiner Box und zittert. Er rechnet mit dem Allerschlimmsten. Böse Erinnerungen kreisen in seinem Kopf: Männer, die ihn misshandelten, große Hunde, die über ihn herfielen. Er wimmert leise. Aber seine neue Pflegemutter tröstet ihn. Vor Frauen hat Leonardo weniger Angst. Mit ihnen hat er offenbar

keine schlechte Erfahrung gemacht. Beruhigend redet die Frau nun auf den Galgo ein und hält den knurrenden Groenendael von der Box fern. Die sanfte Stimme, die immerzu mit ihm spricht, hat etwas sehr Tröstliches. Auch der Mann dämpft seine Stimme, denn er möchte dem neuen Pflegling keine Angst machen. Trotzdem bleibt Leonardo misstrauisch und distanziert.

»Wir werden die Hunde schon aneinander gewöhnen. Da bin ich ganz sicher«, sagt die Frau zuversichtlich. Der Groenendael knurrt wütend, als habe er diese Worte verstanden und wollte sie Lügen strafen! Leonardo möchte flüchten, aber er kann nicht. Die Nähe des Artgenossen lähmt ihn, und so kauert er sich winzig klein in seine Box, zittert und schaut mit riesengroßen, ängstlichen Augen in die neue Welt, die ihm nicht weniger bedrohlich erscheint als seine alte.

Die Fahrt dauert lange. Der belgische Schäferhund zeigt ihm fortwährend die Zähne. An einer Raststätte hält der Wagen, und die Familie will Leonardo aus der Box holen, um ihn sein Bein heben zu lassen. Das ist ein großer Fehler. Wie ein geölter Blitz schießt der Hund ins Freie, schaut nicht rechts oder links, beschleunigt und saust davon. Er ist so schnell, dass niemand eine Chance hat ihn aufzuhalten.

»Das darf doch nicht wahr sein!«, ruft der Mann. Die Frau bricht in Tränen aus und macht sich bittere Vorwürfe. Nur der Groenendael ist froh, den lästigen Eindringling los zu sein.

In der Raststätte finden sich schnell einige Menschen, die bereit sind, sich an der Suche nach Leonardo zu beteiligen. Nachdem sie von seinem Schicksal erfahren haben, sind sie sehr hilfsbereit. Auch die beiden Hunde suchen mit, obwohl der Groenendael Leonardo sicher sofort wieder vertreiben würde.

Die Suchenden durchstreifen das Gelände hinter dem Zaun. Leonardo muss durch eine Lücke gekrochen sein. Wenigstens ist er nicht auf die Autobahn gerannt, denn das wäre sein sicherer Tod gewesen. Aber es gibt keine einzige Spur von ihm. Schließlich fährt die Familie zum nächsten Tierheim, um den Rüden als vermisst zu melden. Die Abfertigung dort erfolgt ziemlich unwirsch.

»Ist der Hund tätowiert? Ist er gechipt?«, fragt die Mitarbeiterin.

»Er ist doch heute erst angekommen. Wir haben ihn gerade vom Flughafen abgeholt, da war gar keine Zeit.«

»Das ist ja wieder typisch! Das haben wir gerne!« Und die Mitarbeiterin fügt ärgerlich hinzu: »Es gibt bei uns genug einsame Hunde. Da müssen Sie nicht extra einen aus Spanien holen. So ein Unsinn!«

Die Familie ist erschüttert und entrüstet, aber es hilft alles nichts. »Wenn wir etwas hören, teilen wir es Ihnen schon mit!«, sagt die Frau und geht.

»Danke für Ihre Anteilnahme!«, ruft der neue Pflegevater ironisch.

Als es dunkel ist, wird die Suche eingestellt. Die Familie hinterlässt ihre Adresse in der Raststätte und fährt traurig nach Hause. In der Nacht führt der Vater ein Telefonat mit dem Verein, der Leonardo gerettet hat, und schildert das Drama. Im Internet und per Telefonaktion wird nun auch noch zur Suche aufgerufen, die Familie hängt Plakate mit der Beschreibung des Hundes auf und stellt eine Belohnung für die Wiederbeschaffung in Aussicht.

Die Pflegemama ist sehr besorgt: »Es wird äußerst schwierig werden. Leonardo hört nicht auf seinen Namen, er traut keinem Menschen, und er hat Angst vor fremden Hunden. Er wird sich nicht freiwillig einem Menschen nähern, wird sofort weglaufen, und er ist schnell. Außerdem ist er abgemagert und frisch operiert. Hoffentlich wird er nicht überfahren oder erschossen. Ich darf gar nicht daran denken, welche Gefahren überall lauern. Der arme Leonardo!«

Und wirklich geht es dem Galgo Inglese nicht gut. Er weiß nichts davon, dass seine Pflegefamilie ihn sucht, dass Freunde und Bekannte sich an der Suche beteiligen und der Jagdpächter versprochen hat, ihn nicht abzuschießen. Der gesamte Verein bangt um Leonardos Schicksal, alle in der Nähe liegenden Tierheime sind informiert, auch die Polizei weiß Bescheid, falls der Hund einen Verkehrsunfall verursacht. Aber Leonardo meidet alle Straßen. Vor dem Lärm der Autos hat er Angst.

Er hat sich in den Wald verzogen, wo er nun wieder für einige Zeit einsam und auf sich selbst gestellt lebt. Seine Fähigkeiten als erfolgreicher Mäusejäger sind erneut gefragt. Leider fängt Leonardo sich wieder Würmer ein. Aber wenigstens ist er inzwischen gegen Tollwut, Influenza und fünf andere Infektionen geimpft. Ein Jahr lang hat er einen gültigen Impfschutz. Immerhin hat er dem harten Leben im Wald nun etwas entgegenzusetzen. Aufs freie Feld wagt der Wind-

hund sich nicht. Nur einmal hetzt er einen Hasen, er kann einfach nicht widerstehen. Aber Leonardo ist zu geschwächt und humpelt. Also hat er keine Chance, der Hase entkommt ihm.

Eines Tages tritt er sich einen Weißdorn in die Pfote. Als er den Stachel herausbeißen will, schiebt er diesen noch tiefer in den Ballen hinein und bricht ihn schließlich ab. Beim Laufen tut die Pfote nun weh, und schließlich entzündet sie sich. Der Rüde leckt an der Wunde, beißt immer wieder vor Schmerz hinein, ohne aber an den Stachel heranzukommen. Er kann sich nur noch hinkend fortbewegen. Die Jagd auf Hasen oder Kaninchen kann er nun ganz vergessen.

Nachts friert er fürchterlich, und bei Regen verkriecht er sich tief ins Gebüsch. Er ist nun bereits zwei Wochen unterwegs. Noch immer wird er überall fieberhaft gesucht. Keine Menschenseele hat den Hund seit seiner Flucht zu Gesicht bekommen. Seine Pflegefamilie und seine Retter sind gleichermaßen verzweifelt.

Leonardo humpelt weiter durch den Wald. Er ernährt sich hauptsächlich von Wurzeln und Beeren. Sein Magen knurrt oft. Im Dunkeln fürchtet sich der Galgo. Die fremden Geräusche jagen ihm große Angst ein, und er schläft zitternd im feuchten Gras. Schließlich beginnt er zu husten. Er hat sich übel erkältet.

Am nächsten Tag wird er das Opfer von zwei wildernden Schäferhunden, die ein Reh hetzen. Als sie dessen Fährte verlieren, stoßen sie auf Leonardos Geruch. Hätte er mit vier gesunden Pfoten laufen können, hätten die Schäferhunde ihn nicht erwischt, denn Leonardo rennt unglaublich schnell. Aber in seinem jetzigen Zustand ist er eine leichte Beute für die Wilden. Leonardo wehrt sich nicht. Er wird fast tot gebissen, liegt am Boden und schreit. Endlich lassen die Angreifer von ihm ab. Das Reh hatte mehr Glück. Es konnte entkommen.

Leonardo liegt blutend am Boden und heult jämmerlich. Nicht einmal kriechen kann er mehr. Und nun hat er Glück im Unglück. Der Jäger entdeckt die wildernden Schäferhunde und sieht das Blut an ihrem Fell. Als er sich mit seinem Hund zur Nachsuche begibt und damit rechnet, ein zerfetztes Reh zu finden, stößt sein Jagdhund auf den sterbenden Hund.

Der Jäger empfindet ein tiefes Mitgefühl für den verletzten Galgo. Als er ihn zum Auto trägt, schreit Leonardo vor Schmerz. Er wird auf

dem schnellsten Wege zum Tierarzt gebracht und notoperiert. Tagelang schwebt der Hund zwischen Leben und Tod. Aber Leonardo ist zäh, das hat er schon mehrfach bewiesen. Sein Überlebenswille ist ungebrochen.

Schließlich erfährt auch seine Pflegefamilie von der Rückkehr des Hundes. Der Tierarzt und der Jäger haben den Besitzer gesucht, und die Familie besucht nun den schwerkranken Hund.

Leonardo sieht zum Fürchten aus. Ein Ohr ist abgerissen, eine Pfote musste amputiert werden. Er ist abgemagert und voller Wunden und Narben. Außerdem hat er seit der Attacke der Schäferhunde Todesangst vor anderen Vierbeinern.

Es dauert lange, bis seine Pflegefamilie ihn nach Hause holen kann. Aber es geht ihm nicht gut dort. Der belgische Schäferhund entwickelt einen regelrechten Hass auf den Neuling. Leonardo fürchtet ihn sehr und schleicht nur noch durchs Haus. Er schreckt bei jedem Geräusch zusammen und kriecht sofort hinter das rettende Sofa. So schwer es der Familie fällt, sie muss sich eingestehen, dass sie Leonardo nicht behalten kann. Also steht der Windhund erneut im Internet. Es scheinen sich alle Umstände gegen ihn verschworen zu haben.

Lange meldet sich niemand, denn ein völlig verstörter, stark traumatisierter Hund mit nur drei Pfoten und einem abgerissenen Ohr schreckt viele Hundefreunde ab. Aber Leonardo ist ein Notfall, denn der belgische Schäferhund entwickelt immer mehr Groll gegen ihn, und Leonardo leidet entsetzlich. Für ihn braucht man eine Familie, die viel Erfahrung mit Hunden hat und eine unendliche Geduld besitzt. Einige Leute melden sich, trauen sich aber dann die große Verantwortung doch nicht zu. Denn zu allem Überfluss hat sich Leonardo auch noch zum Ausbrecherkönig entwickelt.

Seine Familie lässt ihn frei im hoch umzäunten Garten laufen – allein, denn Leonardo mag die Nähe der Menschen nicht mehr. Eines Tages ist er verschwunden. Er ist über den Zaun gesprungen. Es ist unvorstellbar, wie er das mit seiner fehlenden Pfote angestellt hat. Aber er ist weg.

»Nicht schon wieder! Das darf doch nicht wahr sein!«, ruft sein Pflegevater entsetzt.

Er setzt sich ins Auto und macht sich erneut auf die Suche. Diesmal haben viele Leute den Ausreißer gesehen, und schließlich wird er in einer alten Scheune gefunden.

»Hier drin hockt ein Hund. Er hat nur drei Pfoten!«, ruft eine Frau. »Ich habe die Tür zugemacht und wollte schon die Polizei rufen, man weiß ja nie. Er sieht furchtbar aus.«

Der Pflegevater drängt sich vorsichtig durch den Türspalt. Der Hund kauert in einer Ecke, legt das eine Ohr an und zittert wie Espenlaub. Der Mann nähert sich ihm ganz langsam und redet auf ihn ein. Er hebt das schlotternde Tier hoch, hält es ganz fest und trägt es zum Auto. Leonardo wehrt sich nicht, aber er bebt und winselt. Er wendet den Blick ab, als ob er Schläge erwartet.

Seine Familie ist froh, den Hund unbeschadet wiederzuhaben. Aber dadurch sind die Probleme nicht gelöst. Leonardo muss möglichst schnell in eine andere Pflegestelle vermittelt werden, wo die Menschen sich in der Lage fühlen, solch ein geschundenes Wesen zu verstehen und ihm ihre ganze Liebe und Zuwendung zu geben. Am besten sollte auch noch ein ausbruchsicheres Grundstück vorhanden sein, jedoch keine anderen Hunde. Leider scheint es solche Menschen nicht zu geben. Leonardo ist kein Hund für Leute, die Wert auf Äußerlichkeiten legen und ungeduldig reagieren.

Auch die Angst vor Kindern ist bei Leonardo sehr ausgeprägt. Die beiden Geschwister in der Familie geben sich wirklich Mühe, dem Hund liebevoll und vertrauenerweckend entgegenzutreten. Das Mädchen macht sich sogar extra klein, um ihm keine Angst einzujagen, aber Leonardo traut den Kindern einfach nicht. Er nimmt auch nichts von ihnen an. Selbst das Fleisch, das sie ihm geben, lässt er liegen. Wenn die Kinder aus der Schule kommen, springt der Hund auf und verbellt sie. Er legt er das Ohr an, klemmt den Schwanz ein und humpelt davon. Der ganze Hund bebt vor Angst. Das Tier muss in Spanien grauenhafte Erlebnisse mit Kindern gehabt haben. Da die streunenden Hunde oft von Kindern gesteinigt und gequält werden, kann man Leonardos Panik gut verstehen. Schließlich verweigert sich der Hund völlig und mag nicht mehr hinter dem Sofa hervorkommen. Das kleine Mädchen beginnt sich vor ihm zu fürchten. Die Eltern erklären ihr immer wieder Leonardos Trauma, aber das Kind

weint nur noch, wenn es den Hund sieht. Er steht nun als Notfall im Internet. Und endlich meldet sich jemand, der Leonardo zu sich nehmen möchte. Die neuen Pflegeeltern sind ebenfalls vom Verein vorkontrolliert worden. Sie hatten lange einen schwer gestörten Schäferhund aus dem Tierheim, der Jahre seines Lebens nur in einem dunklen Keller gehalten und misshandelt worden war. Sie kennen sich aus mit traumatisierten Hunden. Der Schäferhund ist vor einigen Wochen gestorben, und als die Eheleute von Leonardos Notsituation gehört hatten, war es für sie klar: Sie wollen ihm eine faire Chance geben. Ihr Haus liegt außerhalb der Stadt, der Garten hat eine hohe Mauer, die selbst für Leonardo nicht zu überwinden sein würde.

Das Paar besucht Leonardos Pflegefamilie, der Hund hockt hinter dem Sofa und bellt. Die fremde Frau nähert sich ihm langsam, wobei sie leise und beruhigend auf ihn einredet. Sie schaut ihm nicht in die Augen, denn das würde einen Angriff bedeuten und Leonardos Angst vergrößern. Schließlich legt sie sich noch auf den Bauch, um ihm zu zeigen, dass er sich sicher und geborgen fühlen kann. Leonardo unterbricht sein panisches Gebell und scheint sich zu wundern. So ein Zweibein hat er nie zuvor erlebt. Als der Groenendael wild im Nebenzimmer tobt und die kleine Tochter zu weinen beginnt, steht für die neue Pflegefamilie fest: Sie werden den Windhund heute schon mitnehmen. Es scheint das Beste für alle Beteiligten zu sein.

Nach der Fahrt weigert sich der Rüde zunächst, aus dem Auto zu steigen. Die neuen Pflegeeltern lassen ihm viel Zeit und drängen ihn nicht. Nur in einem sind sie schnell: Schon nach zwei Tagen wissen sie, dass sie Leonardo endgültig behalten wollen und teilen dies dem Verein mit. Alle freuen sich für den Hund. Doch die neuen Besitzer haben auch viele Schwierigkeiten mit dem Tier. Leonardo lässt sich nicht anfassen. Er will nicht an der Leine ausgeführt werden, und die ersten Tage frisst er nicht. Er rennt aus Angst gegen die Möbel, hält den Schwanz nur eingeklemmt und Besuch kann er gar nicht ertragen. Sobald fremde Leute das Haus betreten, rast er unter den Tisch und bellt pausenlos. Nur im Garten fühlt er sich wohl.

In den nächsten Wochen macht Leonardo nur winzige Fortschritte. Als sein Pflegepapa auf seiner Trompete bläst, starrt Leonardo ihn an, schreit vor Entsetzen und hetzt aus dem Raum. Er will das Zim-

mer nicht mehr betreten, fürchtet den Mann, und schließlich muss dieser die Trompete im Schrank verstecken. Leonardo verbindet laute Geräusche mit Jagd und Jägern, und diese Erinnerungen lösen bei ihm Todesangst aus. Das Trauma sitzt einfach zu tief. Nur das Alleinbleiben macht keine Probleme. Leonardo scheint eher froh zu sein, in Ruhe gelassen zu werden.

Leonardo hat auch Probleme, die Treppen zu gehen. Er rutscht aus, schlittert die Stufen hinunter, oder er steht zitternd davor und verbellt sie. Er fürchtet Regenschirme und den Staubsauger. Bei Gewitter dreht er schier durch.

»Warum habt ihr Euch das bloß angetan? Was wollt ihr denn mit so einem gestörten Hund, und dann ist er noch behindert!?«, fragen einige Bekannte verständnislos.

Aber die Pflegemama antwortet: »Er ist nicht gestört, er ist nur völlig verängstigt, und daran sind die Menschen schuld. Leonardo ist keine Belastung für uns, wir mögen ihn so, wie er ist, und er braucht unsere Hilfe. Er wird irgendwann wieder ein fröhlicher Hund. Das kann noch Monate dauern. Aber wir schaffen es!«

Einmal ist er unauffindbar. Seine Pflegemama sucht ihn und ruft nach ihm. Nichts. Sie holt ihren Mann, beide suchen gemeinsam. Überall. Aber sie finden ihn nicht.

»Er muss abgehauen sein«, sagt seine Pflegemama entsetzt.

»Aber wie denn? Wie hat er das gemacht?«

Die Eheleute setzen die Suche fort, aber sie müssen sich damit abfinden: Leonardo ist verschwunden, auch wenn sie sich das nicht erklären können.

Die beiden benachrichtigen die Nachbarschaft und fahren verzweifelt mit dem Auto die Feldwege entlang. Vergeblich. Keine Spur von Leonardo. Der Pflegepapa ruft den Jäger an und bittet, Leonardo nicht abzuschießen. Aber jetzt stößt der Mann auf Granit. »Wenn ich das Mistvieh in meinem Revier erwische, knalle ich es ab! Ein Windhund, pah, der wildert doch sofort! Den kriegen Sie von mir nur erschossen wieder!«, teilt der Jäger ihm mit. Der Pflegepapa ist entsetzt. Er erklärt dem Jäger, dass Leonardo nur drei Pfoten hat, dass er mit dieser Behinderung keine Gefahr darstellt und außerdem viel zu verstört ist, um zu wildern. Doch diesmal bleibt der Jäger hart.

»Wir müssen ihn unbedingt finden, bevor dieser brutale Kerl ihn erschießt!« Die Pflegeeltern sind verzweifelt. Wieder fahren sie mit dem Auto hinaus und suchen ihren Hund. Nach Stunden kehren sie zurück. »Ich verstehe das nicht!«, ruft seine Pflegemama immer wieder. Plötzlich hört sie ein Geräusch aus dem Garten. »Leonardo!«, schreit sie, und da steht er wirklich. Er wedelt sogar ein wenig, lässt sich begrüßen und streicheln, ohne sich zu ducken. Danach folgt er seiner Familie ins Haus. Ob er sich versteckt hat oder wirklich verschwunden war und freiwillig zurückgekommen ist, weiß niemand. Die Mauer ist hoch, es gibt kein Loch, die Türen standen nicht offen, niemand kann das Rätsel lösen. Aber er ist wieder zurück, und er hat gewedelt. Das ist ein gewaltiger Fortschritt, der seine Pflegemama zu Tränen rührt.

Alle sind erleichtert, dass der Hund dem schießwütigen Jäger nicht begegnet ist. In dieser Nacht schläft Leonardo nicht in seiner Höhle. Seine Familie wagt den Versuch, den Korb unter dem Tisch hervorzuholen, und Leonardo akzeptiert diese Veränderung sofort. Seine Höhle braucht er jetzt nur noch, wenn Besuch erscheint.

Die Pflegeeltern sind inzwischen Adoptiveltern geworden, sie haben den Schutzvertrag unterzeichnet. Jeden Tag unternehmen sie mit Leonardo lange Spaziergänge im Feld, aber diese gestalten sich oft noch äußerst problematisch. Leonardo verbellt aus Angst jeden großen Hund. Er knurrt sogar vor lauter Panik, um die anderen Vierbeiner auf Abstand zu halten. Dadurch fühlen sich viele Hunde provoziert und knurren wütend zurück. Nähert sich wirklich ein fremder Vierbeiner, fiept Leonardo schrill und unterwirft sich sofort.

Seine Familie muss sich dumme und dreiste Sprüche gefallen lassen. Als Tierquäler werden sie bezeichnet, weil Leonardo nur drei Pfoten und ein abgerissenes Ohr hat. Beleidigt werden sie, ihr Hund sei ein hässlicher Krüppel, und als bösartig wird der arme Galgo bezeichnet, nur weil er Angst hat. In keiner noch so extremen oder stressigen Situation hat er sich dabei je als Angstbeißer gezeigt, er lässt sich alles gefallen, er ist das geborene Opfer, aber die Leute haben keine Ahnung von Leonardos verletzter Seele und seinem Trauma. Seine Adoptivmama ärgert sich maßlos über die Dummheit der Leute. Den Adoptivpapa lässt das dagegen kalt, er wundert sich bloß. »Das sind

wir doch längst gewohnt«, sagt er schmunzelnd. »Als wir unseren Schäferhund geschoren haben, weil er Ekzeme hatte, wurden wir doch auch als Tierschinder bezeichnet und angemacht, wir hätten das arme Tier verschandelt. Wer am wenigsten Ahnung hat, der reißt am weitesten sein Maul auf. Die Dümmsten haben die größte Klappe, so ist das leider. Damals war ich sauer, wirklich sauer. Aber jetzt ist es mir einfach zu blöd! Ich höre gar nicht mehr hin!«

Die Familie ermöglicht dem Hund so viel Kontakt zu Artgenossen, wie nur irgend möglich. Aber Leonardos Panik ist riesengroß, seit ihn die beiden gestörten Schäferhunde fast umgebracht haben. Auch vor der sanftmütigen English-Setter-Hündin einer Bekannten hat er Angst. Er geht nicht auf ihr Spiel ein, flüchtet ins Haus und kriecht unter den Tisch, als man die beiden Hunde im Garten laufen lässt. Selbst tägliche Spaziergänge mit Nelly und ihrer Herrin bewirken keine Besserung. Aber Leonardos Familie gibt sich alle Mühe mit ihm, verliert nie die Zuversicht und freut sich selbst über kleinste Fortschritte.

Eines Tages nähert sich der Rüde schüchtern seinem Frauchen, stupst mit der langen Schnauze, legt den Kopf auf ihr Knie und will gestreichelt werden. Zum ersten Mal sucht er von sich aus die Nähe. Er kratzt mit der Pfote, sobald sie aufhört, ihn zu kraulen. Pfote geben ist auch eine Unterwerfungs- und Beschwichtigungsgeste.

Nach diesem Erlebnis scheint der Knoten geplatzt zu sein. Jetzt ist Leonardo wirklich ein Familienmitglied. Seitdem wird er unglaublich anhänglich. Er will keine Sekunde mehr allein sein. Er folgt seinen Adoptiveltern wie ein Schatten, und er ist unglücklich, wenn er nicht bei ihnen sein kann. Selbst die Badezimmertür muss geöffnet bleiben. Leonardo hat seine Leidenschaft fürs Schmusen entdeckt, und er hat einen unendlichen Nachholbedarf. Seine Familie krault und streichelt ihn, schmust und kuschelt mit ihm, aber der Hund hat nie genug.

So entspannt ist er aber nur, wenn er mit seiner Familie allein ist. Ein Besuch, egal, wie oft er diesen bereits gesehen hat, bereitet dem Tier weiterhin große Schwierigkeiten. Auch seine Angst vor Hunden legt sich nicht. Die Setterhündin fürchtet er genau wie am ersten Tag und bei lauten Geräuschen ist seine Panik ebenfalls sofort wieder da.

Silvester bedeutet für ihn die Hölle auf Erden. Seine Familie sitzt mit ihm im Keller, hält ihm die Ohren zu und tröstet ihn.

Beim Füttern merkt man deutlich, dass Leonardo auf der Straße gelebt hat. Wird sein Napf gefüllt, setzt er sich in einigem Abstand daneben, schaut fasziniert zu, reckt witternd die Nase und trampelt mit den langen Beinen. Aber er wagt sich nicht heran. Sein Frauchen muss ihn locken und loben und ihm gut zureden, dann erst frisst er zögernd. Immer wieder schreckt er auf, schaut sich um und rechnet mit feindlichen Übergriffen. Wenn sein Adoptivpapa sich ihm nähert, springt Leonardo hektisch auf, duckt sich und rast davon. Er kann es offensichtlich nicht glauben, dass das Futter wirklich allein für ihn sein könnte. Auch nach Jahren in Deutschland bleiben Leonardos Probleme bestehen.

»Alles dreht sich bei euch nur um den Hund. Findet ihr das nicht etwas übertrieben?«, fragt eine Bekannte, und Leonardos Adoptiveltern lachen um die Wette.

»Übertrieben? Nein, übertrieben finden wir das nicht. Überhaupt nicht. Leonardo hat alle Aufmerksamkeit der Welt verdient, und wir haben ihn so lieb.«

Es gibt aber auch viele Leute, die ein großes Mitgefühl für den Hund hegen. Zu traurig sieht er aus mit dem abgerissenen Ohr, der fehlenden Pfote und den vielen Narben. Doch diese Menschen stürzen sich auf ihn, zerren an ihm herum, wollen ihn küssen und herzen und merken dabei nicht, wie verstört und verängstigt Leonardo reagiert. Sie tun ihm damit keinen Gefallen, denn der Hund mag aufdringliche Leute überhaupt nicht.

Seine Familie bemüht sich, den Hund so selten wie möglich allein zu lassen, aber manchmal lässt sich das einfach nicht vermeiden. Es hilft nichts, Nellys Frauchen als Hundesitter einzusetzen.

Im Gegenteil: Dadurch gerät der Rüde wieder in Panik. Er möchte keine anderen Leute im Haus haben, das stört seine Sicherheit und belastet ihn.

Als Leonardo sich am Bein verletzt und die Wunde ständig beleckt, soll er eine Halskrause tragen. Doch das ist sinnlos. Der Hund gerät in Todesangst, hält die Prozedur für eine neue Quälerei und

wirkt absolut verstört. Er rennt mit dem Plastikkragen gegen jede Wand, wirft die Wasserschüssel um und wälzt sich heulend am Boden. »So eine bescheuerte Fehlkonstruktion. Das ist doch unmöglich, einem armen Hund so etwas tagelang anzuziehen!«, beschwert sich sein Frauchen und erlöst ihn von dem Kragen. Nun muss der Rüde scharf beobachtet werden, damit er die verheilende Wunde in Ruhe lässt. Aber es funktioniert.

Einmal geraten Leonardo und sein Frauchen in eine üble Situation. Sie laufen durchs Feld, als plötzlich eine fremde Frau mit zwei Rüden auftaucht. Der Beagle läuft an der Leine, der Golden Retriever frei. Leonardo verspannt sich, klemmt den Schwanz ein, drängt sich unsicher an das Bein seiner Herrin und bellt ängstlich. Sie müssen aneinander vorbei, und der Beagle kläfft wild. Dann wedelt er aber und will freundlich mit Leonardo spielen. Der Retriever jedoch stürmt auf ihn zu, steht steifbeinig da, fixiert den Windhund drohend und zeigt die Zähne. Leonard möchte die Flucht ergreifen, aber er kann nicht abgeleint werden. Er würde in Panik vor ein Auto laufen oder sich wieder irgendwo im Wald verkriechen.

»Holen Sie bitte Ihren Hund! Meiner hat Angst, und Ihrer knurrt schon!«, ruft Leonardos Frauchen.

»Ich hab keine Leine dabei. Der tut nichts, der will nur spielen!«, kommt die schon fast typische Antwort.

Der Retriever rempelt den Windhund provozierend an, grollt drohend und bedrängt ihn. Leonardo duckt sich verschüchtert; er weiß nicht, was er tun soll.

»Jetzt rufen Sie Ihren Hund endlich! Er spielt nicht, er bedroht meinen! Sehen Sie das nicht? Mein Hund ist halbtot vor Angst!«

Aber die Fremde steht nur da und zuckt hilflos die Schultern.

»Er mag keine Rüden. Da kann ich nichts machen.«

»Verflucht, und warum ist er dann nicht angeleint? Machen Sie das immer so?«

Die andere Frau sagt gar nichts mehr. Sie geht weiter, und der Retriever wirkt ein wenig verunsichert. Einige Meter läuft er seiner Herrin nach, aber dann dreht er ab und rast erneut auf den zitternden Leonardo zu. Dieser schreit schrill, der Retriever fletscht die Zähne und schnappt. Jetzt reicht es Leonardos Adoptivmama. Sie kennt das

üble Spiel und hat keine Lust, dass Leonardo schon wieder gebissen wird. Er hat genug böse Erlebnisse gehabt. Sie schreit den Retriever an und haut ihm den Regenschirm auf die Schnauze. Da kuscht er, klemmt den Schwanz ein und hetzt hinter seinem Frauchen her. Leonardo zerrt nach Hause, er ist völlig fertig. Er dreht sich immer wieder um, als rechne er mit einer Attacke aus dem Hinterhalt, ist kaum zu beruhigen und fiept vor Angst in den höchsten Tönen.

Sein Frauchen ist empört über die verantwortungslose und unfähige Hundehalterin. Aber leider begegnet man ignoranten Leuten mit ihren gestörten Hunden, die frei laufen und dabei weder friedlich reagieren noch gehorchen, immer häufiger.

Von solchen Erlebnissen abgesehen, geht es Leonardo täglich besser. Bei seiner Familie und in der vertrauten Umgebung ist er ein fröhlicher und lustiger Hund geworden, der mit seiner Behinderung sehr gut zurechtkommt. Seinen Adoptiveltern gegenüber hat er jegliche Schüchternheit verloren. Er ist der anhänglichste Hund, den sie je gehabt haben. Immer wieder springt er auf sie zu, legt ihnen die lange Schnauze aufs Knie, kratzt mit dem Beinstumpf, was seine Mama jedes Mal zu Tränen rührt, und schiebt die Nase dazwischen, wenn der Papa Zeitung liest oder sich umständlich die Schürsenkel zubindet. Er lernt, die Treppen zu gehen ohne auszurutschen, und bald fährt er angstfrei im Auto. Er wird sogar so mutig, dass er nicht mehr bei jedem Besuch hinters Sofa oder unter den Tisch flüchten muss. Aber er bleibt distanziert und vorsichtig. Er traut niemandem außer seiner Familie. Wirklich ausgelassen und glücklich ist er nur, wenn er mit seinen Adoptiveltern allein sein kann. Dann macht er lustige Späßchen, mit denen er seine Familie immer wieder zum Lachen bringt, wirft seine Stofftiere in die Luft, umtanzt sein Frauchen wedelnd, schlägt mit der langen Rute wild gegen das Sofa und will gestreichelt und gelobt werden.

Er ist ein dankbarer Hund und froh über jede Zuwendung. Seine Adoptiveltern sind sich einig darüber, dass es eine gute Idee gewesen ist, ihn bei sich aufzunehmen und ihm endlich ein sicheres Zuhause zu geben. Leonardo hat es verdient. Nach all den Irrfahrten und brutalen Erlebnissen hat er nun Menschen gefunden, die ihn so lieben und akzeptieren, wie er ist, und die seine inneren Werte, seinen sanf-

ten und anhänglichen Charakter zu würdigen wissen. Leonardos Leid hat ein Ende gefunden. Seine fehlende Pfote, das abgerissene Ohr und die vielen Narben werden aber immer deutlich zeigen, welch böse Vergangenheit der Galgo hinter sich hat. Und einige Narben werden für immer auch auf seiner Seele zurückbleiben.

Viele seiner Artgenossen mit ähnlichen Schicksalen warten aber noch auf sensible, geduldige Pflege- und Adoptiveltern. Sie benötigen dringend Hilfe, ganz genau wie Leonardo!

Galgos in einem spanischen Tierheim

Ein Hundeleben

Die Familie ist verzweifelt. Ihr Hund hockt hinter dem Sofa und verbellt jeden. Er frisst nur, wenn er alleine ist. Er lässt sich nicht anleinen und natürlich ist er auch nicht stubenrein. Die Katze hat er so in Angst und Schrecken versetzt, dass sie sich nun nicht mehr blicken lässt. Die jüngste Tochter fürchtet sich vor dem Hund. Und alle Bekannten halten die Familie für verrückt, weil sie solch ein Tier zu sich aufgenommen hat.

Auch allein bleiben kann der Hund nicht. Haben alle das Haus verlassen, zerfetzt er die Teppiche und heult laut. Eine Nachbarin hat sich bereits beschwert und droht mit einer Anzeige wegen Ruhestörung. Das Geheul geht ihr durch Mark und Bein. So problematisch hat sich keiner die Rettung des Hundes vorgestellt. Aber wie ist es dazu gekommen?

Die Familie war mit dem Auto in Spanien unterwegs. Am Straßenrand entdeckten die Kinder einen Hund. Der Vater hielt an. Der Hund wollte weglaufen, konnte sich aber kaum bewegen. Er war abgemagert, blutete und hatte kaum Fell. Seine Reißzähne waren abgebrochen, eine Pfote war dick geschwollen. Die Kinder weinten laut, und schließlich warfen die Eltern eine Decke über den zitternden Hund und legten ihn in den Kofferraum. Sie suchten verzweifelt einen Tierarzt. Ein Passant, den sie um Rat fragten, reagierte verächtlich. Er starrte auf das jammervolle Bündel und spottete: »Für einen Galgo geht man nicht zum Tierarzt. Ein Galgo ist der Abschaum. Werfen Sie ihn wieder zurück. Der krepiert sowieso!«

Jetzt war auch der Vater empört. Seine Frau schaute ihn an und sagte: »Wir werden diesen Hund mitnehmen und retten!« Die Kinder jubelten. Sie wollten schon immer einen eigenen Hund.

Doch als es im Auto zu stinken begann, weil das Tier sich erbrochen hatte, wurden die Kinder still und hielten sich die Nasen zu. Auf einem Parkplatz stellte die Frau behutsam eine Tasse mit Wasser ne-

ben den Hund. Sie legte ihm zerkleinerte Brötchen und Wurststücke dazu. Der Hund kauerte sich in eine Ecke und zitterte. Erst als sie ihn in Ruhe ließen, schlang er die Nahrung hastig hinunter. Der Vater wollte die Tasse erneut füllen. In dem Moment zeigte der Hund die Zähne. Er erwartete Böses, verteidigte seine Futterstelle, und der Vater bekam große Zweifel.

»Das ist kein normaler Hund!«, sagte er verstört zu seiner Frau. »Er hat mich beißen wollen. Vielleicht ist er tollwütig, wer weiß das schon?« Am liebsten hätte er den Hund wieder loswerden wollen, aber seine Frau setzte sich durch. Die Kinder waren froh. Sie wollten lieber diesen merkwürdigen Hund als gar keinen.

Auf der Rückfahrt erleichterte sich der Hund ständig in den Kofferraum. Die fette Wurst war ihm nicht bekommen. Der Vater war empört, denn er liebte sein Auto.

Auch die Ankunft des Hundes in Deutschland gestaltete sich äußerst schwierig. In der Garage öffnete der Vater alle Autotüren, aber der Hund wollte das sichere Auto nicht verlassen. Die Mutter schickte die Kinder ins Haus. Wieder wurde eine Decke über den Hund geworfen und man trug ihn aus dem Auto.

Der Vater fuhr los und kaufte Hundefutter, ein Halsband und eine Leine. Die Mutter rief den Tierarzt an. Er sollte vorbeikommen, denn in die Praxis bringen konnte man das verängstigte Tier nicht.

Als die Mutter sich dem Hund näherte, knurrte er. Der Vater schüttete das Hundefutter in eine Schale, suchte einen Wassernapf und schob beides seufzend hinter das Sofa, wohin der Hund sich inzwischen verkrochen hatte.

»Wir müssen ihn jetzt alleine lassen«, sagte die Mutter. »Er hat doch Angst vor uns!«

»Ich glaube, das ist ein ganz böser Hund!«, sagte der kleine Junge altklug. Seine Schwester nickte nur.

»Er hat Papa beißen wollen.«

Die Mutter fühlte sich schwach, aber sie riss sich zusammen.

Der Tierarzt konnte erst am späten Abend kommen. Er untersuchte den Hund gründlich und impfte ihn mehrfach. Später sollte das Tier noch entwurmt werden; beides zusammen wäre jetzt zuviel.

Auch der junge Tierarzt war sehr irritiert. »Eigentlich müsste der Hund in Quarantäne. Ich glaube, ich muss ihn mitnehmen. Wir müssen wissen, ob er gesund ist.«

Das Sofa wurde beiseite gerückt, der Hund knurrte warnend. Der Tierarzt packte ihn schließlich, trug ihn zum Auto und setzte ihn in eine Hundekiste. »Wenn er gesund ist, können Sie ihn wieder abholen. Ich rufe Sie an.«

Das kleine Mädchen weinte. Es hatte den komischen Hund trotz allem ins Herz geschlossen. Der Vater dagegen fühlte sich erleichtert, dass der Hund erst mal weg war, aber das hätte er niemals zugegeben.

Und nun ist der Hund wieder da. Er ist gesund, geimpft und entwurmt. Er hat zugenommen, und seine Pfote ist behandelt worden.

Die Familie weiß jetzt, dass ein Galgo Español ein spanischer Windhund ist. Ein Hasenjagdhund. Einige dieser Hunde vertragen sich wunderbar mit Katzen, ihr Findling aber scheint sie eher als Jagdbeute anzusehen. Die Frau hat sich inzwischen mit Menschen in Verbindung gesetzt, die ebenfalls einen Straßenhund aus Spanien aufgenommen haben. Allerdings hatten diese Leute sich vorher gut informiert. Sie hatten sich an einen seriösen Verein gewandt und wussten, was auf sie zukam: dass Galgos sanftmütige und liebe Familienhunde sind, anschmiegsam und dankbar – aber erst, wenn sie ihr Trauma überwunden und sich eingelebt haben. Doch das kann dauern. Bei einigen Hunden nur Tage, bei anderen Wochen oder Monate. Und es sind harte Zeiten.

Der Vater weiß nicht, ob er wirklich bereit ist, sein Leben für einen Fundhund umzukrempeln. Er hat das Tier vor dem sicheren Tod gerettet und den Tierarzt bezahlt. Aber ihn wirklich behalten? Da ist er sich nicht mehr so sicher.

Seine Frau hat längst anders entschieden. Ihr ist es gleichgültig, ob ihre Bekannten sie für verrückt halten. Und den Kindern hat sie geduldig erklärt, was dieser Hund Schreckliches durchmachen musste. Sie haben verstanden, dass ihr Hund eben kein normaler Hund ist und dass man viel Geduld mit ihm haben muss.

»Er ist ein Angsthund!«, sagt der Junge mit ernster Miene.

Die Katze frisst und schläft jetzt bei der Nachbarin. Das ist ein

großes Problem. Die Mutter möchte ihre Katze nicht verlieren. Aber den Hund kann sie auch nicht abgeben. So lieb hat sie ihn inzwischen gewonnen. Seine traurigen Augen, in denen sich nur zu oft nackte Panik spiegelt, rühren sie immer noch zu Tränen. Und sie kann das Bild des fast toten Hundes im Straßengraben nicht vergessen.

»Wir haben die Verantwortung übernommen, jetzt müssen wir dafür auch geradestehen! Der Hund gehört zur Familie.«

Aber der Hund bleibt schwierig. Anfassen darf man ihn nur ganz vorsichtig, doch wenigstens knurrt er nicht mehr. Er nimmt auch zu; sein Fell wächst nach und beginnt sogar zu glänzen. Das Tier humpelt jedoch weiterhin, und seine Pfote muss ständig behandelt werden. Der junge Tierarzt bemüht sich sehr, denn auch ihn rührt dieses arme Geschöpf.

Der Hund ist ein Rüde und wird auf den Namen Hunter getauft. Darauf hat der Vater bestanden, weil der Hund wie von Sinnen die arme Katze durchs Haus gejagt hat.

»Er heißt Jäger«, kichert das kleine Mädchen belustigt, nachdem der Vater ihr das Wort übersetzt hat. »So ein ulkiger Name!«

Der Junge möchte den Hund am liebsten Zombie rufen, aber die Mutter verbietet das. »Wenn er so heißt, dann wird er auch ein Zombie. Das möchte ich nicht. Euer Vater hat ihn Hunter genannt, und jetzt müssen wir ihn alle so nennen, damit er sich an den Namen gewöhnen kann.«

Nachdem Hunter über den Zaun geklettert ist und bei den Nachbarn ein Huhn gefangen hat, steht das nachbarschaftliche Verhältnis auf wackligen Beinen. Die Nachbarin präsentiert die Rechnung, sie droht mit einer Anzeige und der Vater flucht.

»Du hast ihn doch Jäger genannt! Also ist es deine Schuld. Hunter kann gar nichts dafür!«, sagt der Sohn trocken, aber mit einem verschmitzten Lächeln. Schließlich muss auch der Vater lachen. Man darf eben nie den Humor verlieren, auch wenn die Lage ausweglos erscheint.

Täglich übt die Familie mit dem Hund. Geduld ist gefragt. So lernt Hunter, dass er in seiner neuen Umgebung gut aufgehoben ist und

sich sicher fühlen kann. Niemand will ihm etwas Böses antun. Die Kinder lernen, sich in Gegenwart des Hundes weniger hektisch zu bewegen und nicht laut zu rufen.

Und Hunter macht große Fortschritte. Er wird beinahe stubenrein. Er frisst manierlicher. Sein Futter lässt er nun in der Schüssel und schleppt es nicht mehr wie vorher ins Wohnzimmer hinter das Sofa, um Vorräte für schlechte Zeiten anzulegen. Von den erwachsenen Familienmitgliedern lässt er sich schon gern kraulen, und auch die Kinder dürfen ihn anfassen, allerdings ist ihm das noch nicht so ganz angenehm. Hunter lernt es auch, einigermaßen an der Leine zu gehen. Wenn keine anderen Menschen oder Hunde in der Nähe sind, klappt das schon recht gut. Ohne Leine laufen kann er nicht. Sofort sprintet er los und befindet sich auf einer Wildfährte. Und es hilft kein Rufen oder Locken, wenn Hunter in seinem Element ist. Einmal hat er tatsächlich ein Kaninchen gefangen, und die Mutter war erschüttert. Seitdem darf er nur im Garten frei laufen. Der Vater hat den Zaun rundum erhöht und verstärkt. Das war harte Arbeit.

Das Alleinbleiben schafft Hunter überhaupt noch nicht. Es stellt für ihn das größte Problem dar. Offensichtlich macht es ihm Angst. Als die Mutter einmal mit den Kindern zum Arzt und der Hund sich zwei Stunden unbeaufsichtigt im Haus aufhalten muss, nimmt er das Sofa auseinander, zerkratzt die Haustür, uriniert in den Flur und erbricht sich vor lauter Panik. Schließlich liegt er zitternd im Bett der Kinder und wühlt sich unter ihre Decke, als suche er eine sichere Höhle.

Zum Glück wohnen die Großeltern gleich nebenan. Sie sind immer bereit einzuspringen. Muss die Mutter fort, kommen Oma oder Opa und hüten den Hund, denn auch sie haben den spanischen Galgo ins Herz geschlossen. Zu ihnen ins Haus kann der Hund aber nicht, denn dort lebt ja die Katze. Und Hunter kann auch nicht mit der Mutter und den Kindern in die Stadt fahren. Zu sehr fürchtet er den Lärm, die Hektik und fremde Menschen.

Rückschläge passieren immer wieder. Doch trotz allem lebt Hunter sich schließlich gut ein. Er ist sehr anhänglich und lustig geworden. Zunehmend gewinnt er Lebensfreude, wedelt immer öfter mit der langen Rute und sucht nach Streicheleinheiten.

Ist er mit seiner kleinen Familie alleine, kann man ihn kaum noch von einem gewöhnlichen Hund unterscheiden. Seine Besitzer lieben ihn und haben es nicht bereut, ihn adoptiert zu haben. Sie haben gelernt, sich auf ihn einzustellen. So führt Hunter nun ein gutes Leben. Aus seinem qualvollen und erbärmlichen Hundeleben ist ein friedliches und entspanntes Dasein geworden. Manchmal scheint es sogar, als habe er seine schlimmen Erfahrungen überwunden. Doch seine Retter haben das Bild des fast verhungerten Angsthundes stets vor Augen und wissen genau, dass sie das einzig Richtige getan haben. Und Hunter dankt es ihnen mit grenzenloser Zuneigung.

Der spanische Hund

Jana telefoniert mit einer Freundin. Es ist ein langes Gespräch. Britta hat einen Hund aufgenommen. Einen Hund aus Spanien. Und Jana hört gebannt zu.

»Diese Organisation rettet in erster Linie spanische Windhunde, also die Rasse Galgo Español, aber auch Greyhounds (englische Windhunde), Podenco Ibicencos (Hunde aus Ibiza) und Mischlinge. Am schlechtesten geht es den Galgos, die zur Hasenjagd verwendet werden. Wenn die spanischen Jäger ihre Galgos nicht mehr brauchen, werden sie ausgesetzt oder erschossen. Manche hängen sie auf oder überfahren sie. Die Galgos leben in Verschlägen. Sie dürfen nur raus, um zu jagen. Sie werden zum Training hinten ans Auto gebunden. Wer nicht durchhalten kann, wird halbtot mitgeschleift. Und in den Tierheimen geht es ihnen nicht besser. Sie hocken auf nacktem Beton und viele werden nach einigen Tagen umgebracht. Es gibt richtige Tötungsstationen. Die Hunde werden sadistisch gequält. Oft werden sie auf der Straße von Kindern gesteinigt. Vielen der Hunde fehlt ein Auge oder ein Bein. Manchen werden die Ohren abgeschnitten. Es ist grauenhaft, was die Menschen den Tieren antun! Wenn du magst, komm uns doch besuchen. Edita hat noch Angst vor Fremden, aber du bist ja lieb zu Hunden.« Wenig später besucht Jana ihre Freundin. Sie sieht ein zitterndes Bündel Hund. Edita ist noch nicht lange in Deutschland.

Die Frauen dürfen sich nur im Zeitlupen-Tempo bewegen. Edita duckt sich in ihrem Hundekorb. Sie ist abgemagert, hat an den Beinen verkrustete Wunden und über der Schnauze eine lange Narbe. Sie lässt den Besuch nicht aus den Augen.

»In ihrem Korb fühlt sie sich sicher. Wenn sie Angst hat, saust sie in den Korb. In den ersten Tagen konnte kein Besuch kommen. Edita ist durchgedreht vor Panik. Sie hat aus Angst uriniert. Und sie wollte nicht raus. Nur im Auto und im Korb fühlte sie sich geborgen. Jetzt weiß sie aber langsam, dass ich harmlos bin. Ich war so glücklich, als

sie zum ersten Mal gewedelt hat. Edita ist eine ganz Schüchterne. Sie hat Schreckliches erlebt. Ich darf nichts in der Hand halten, sie hat sogar Angst vor Tellern und Kugelschreibern. Bei allem meint sie, man wolle sie damit quälen. Und sie kann keine Treppen gehen. Sie fällt hinunter. Fremde Hunde verbellt sie vor lauter Angst, und vor Männern fürchtet sie sich sowieso, das ist ganz extrem. Wenn Frank kommt, kriecht sie hinter das Sofa und schlottert. Sie kommt erst hervor, wenn er weg ist, zittert und duckt sich noch Stunden danach. Und es werden immer neue Pflegestellen gesucht. Wenn niemand die Hunde aufnimmt, können sie nicht nach Deutschland gerettet werden. Ich habe Edita erstmal in Pflege. Wenn sich Adoptiveltern melden, kommen sie hierher und ich kann mit entscheiden, wie es weitergeht. Aber ich weiß noch nicht, ob ich Edita jemals wieder hergeben kann.«

Jana ist tief beeindruckt. Sie hat gesehen, wie die dürre Hündin zusammenzuckt, als sie sich erhebt, um zu gehen. Wie ängstlich sich der Hund in den Korb presst, die Ohren angelegt, die Rute eingeklemmt. Edita kneift die Augen zusammen und erwartet Schläge. Das Bild geht Jana nicht aus dem Kopf.

Sie geht in Gedanken versunken heimwärts. Beim Abendessen berichtet sie ihrem Freund von nichts anderem. Dann schauen sie im Internet auf den Seiten der Organisation nach. Sie sehen viele Fotos von halbverhungerten und misshandelten Galgos, die eine Pflegefamilie suchen. Janas Hund liegt zu ihren Füßen und schnarcht. Sam ist ein Chow-Chow-Mischling. Seine Mutter war ein Wolfspitz, und so ist er beinahe ein altstämmiger Eurasier.

Zuerst findet Jana die Idee einer Pflegestelle nicht gut. Sie sieht das sehr kritisch. Die Hunde gewöhnen sich ein und fassen Vertrauen. Endlich finden sie eine Bezugsperson und lernen liebevolle Menschen kennen. Auch der Mensch schließt den Hund ins Herz, und Mensch und Hund werden ein Rudel. Dann kommt eine Adoptivfamilie, der Hund wird aus dem Rudel gerissen, hat wieder Angst, muss sich erneut eingewöhnen und Vertrauen fassen. Und der Pflegefamilie bricht das Herz. Aber Jana weiß auch, dass es ohne Pflegestellen nicht geht. Die Hunde müssten in Spanien bleiben, viele würden in den Tötungsstationen umgebracht; auch in den meisten spanischen

Tierheimen ginge es den Tieren nicht gut. Die Tierheime haben kein Geld für Futter, und daher leiden die Hunde oft an Hungerödemen.

Jana wird den Gedanken an den Pflegehund nicht los. Er hat sich in ihrem Kopf festgesetzt. Am nächsten Tag schaut sie sich erneut die Bilder an. Sie liest die Schicksale der Hunde und telefoniert mit ihrer Freundin. Schließlich verlässt sie mit Sam das Haus. Britta hat sie zu einem Spaziergang eingeladen. Als sie den Flur betritt, bellt Edita. Sie hat Sam gewittert. Sie scheint furchtbare Angst vor dem pelzigen, schnaufenden Hund zu haben. Sam röchelt und grunzt beim Atmen, er hat die kurze Schnauze des Chows geerbt. Und Edita missversteht ihn. Sie scheint das harmlose Schnaufen für bedrohliches Knurren zu halten. Sie rast hinter das Sofa und verbellt den Mischling fast hysterisch. Britta will ihre Pflegehündin beruhigen. Aber Editas Panik ist einfach zu groß. Jana hockt sich zu Boden und krault Sam, der völlig verwirrt ist. Er will Edita fröhlich begrüßen, er hüpft und fordert aus der Ferne zum Spiel, doch das jagt Edita noch mehr Angst ein. Die beiden Frauen bemühen sich sehr, aber Edita ist nicht zu beruhigen. Schließlich verlassen Sam und Jana das Haus und warten draußen auf Britta. Lange. Edita schleicht geduckt durch die Tür. Sie hat Angst. Für sie lauert draußen Gefahr, sie strebt zurück ins sichere Haus. Sam muss von ihr fern gehalten werden, denn sie fletscht die Zähne und keift.

Auf dem Spaziergang läuft Edita geduckt neben Britta. Der Rücken ist gekrümmt, den Schwanz hat sie vor Angst eingeklemmt. Die Hündin wirkt wie ein einziges Häuflein Elend. Die Ohren sind so weit zurückgezogen und an den Kopf gelegt, dass Edita aussieht, als habe sie gar keine. Bei jedem lauten Geräusch zuckt sie zusammen. Wenn Sam nur in ihre Nähe kommt, bleckt sie die Zähne und warnt ihn. Die vier kommen an einem Mann vorbei, der die Straße kehrt. Edita verweigert sich. Sie stranguliert sich fast, als erwarte sie Schläge. Britta beruhiget und tröstet sie.

»Sie muss schrecklich verprügelt worden sein. Sie hat auch Angst vor Besen und Stöcken, sogar vor dem Handfeger. Und vor anderen Hunden hat sie auch Panik. Aber das siehst du ja. Edita ist auf einer Müllhalde gefangen worden. Sicher ist sie von den anderen Hunden gebissen worden. Da gibt es Kämpfe ums Futter und es geht um Le-

ben und Tod. Die Schwachen und die Schüchternen sind die Verlierer. Edita verbindet andere Hunde mit Bedrohung. Deswegen hat sie solch eine Angst vor Sam. Und vor Kindern fürchtet sie sich auch unbeschreiblich. Bestimmt haben Kinder versucht sie umzubringen. Gestern spielten einige hier Ball. Edita hat mir fast die Leine aus der Hand gerissen. Sie ist auf dem Bauch gekrochen und hat gewimmert vor Angst. Sie dachte, die Kinder wollten sie mit Steinen werfen. Es war so extrem, dass ich sie nach Hause tragen musste. Edita muss in Spanien die Hölle durchgemacht haben! Und wir brauchen Leute, die solche Hunde aufnehmen. Wenn wir keine Pflegestellen finden, müssen die Hunde weiter im Elend leben und werden am Ende erschossen, gesteinigt, erschlagen oder vergast. In den Tötungsstationen ist es grauenhaft.«

Die beiden Frauen haben das freie Feld erreicht, und weil sie ganz alleine sind, beruhigt die Hündin sich etwas. Nur zu Jana hält sie Abstand, und Sam wird bei jeder Bewegung angefletscht und verbellt. Der freundliche Rüde ist stark irritiert. Er will nichts Böses, er möchte Edita gerne kennen lernen und weiß nicht, wie er reagieren soll. Schließlich wird er albern. Er fordert sie zum Spiel auf, aber sie kläfft hysterisch und zeigt drohend die Zähne. Sam wendet sich ab und wirkt gedrückt. Er ist solch ein Verhalten nicht gewohnt.

Auf dem Rückweg legt Edita sich ins Zeug. Sie will zurück. Im Haus rast sie los, wirft sich in ihren Korb, duckt sich und seufzt laut. Britta deckt sie zu und sagt liebevoll: »Sie friert immer so. Und wenn ich sie zudecke, bleibt sie genauso liegen. Sind wir alleine, kuscheln wir. Dann wedelt sie auch. Mir vertraut sie schon ziemlich. Aber am Anfang habe ich nur geheult. Sie war ein Skelett. Ich habe gedacht, sie stirbt mir.«

Jana geht sehr nachdenklich mit Sam nach Hause. Sie grübelt. Zusammen mit ihrem Freund schaut sie erneut ins Internet. Jana kann sich immer mehr vorstellen, eine Pflegemama zu werden. Auch ihr Freund ist einverstanden. Und Sam ist ein gutmütiger Hund. Er wird sich freuen, davon sind Jana und Martin überzeugt.

Jana sieht eine schwarze Hündin mit weißen Pfoten. Sie heißt Alba und wird sehr alt eingeschätzt. Alba hat eine grau-weiße Schnauze, ist abgemagert und voller Narben. Sie soll sehr freundlich sein und sich

gut mit Menschen, Artgenossen und Katzen vertragen. Außerdem ist sie sehr anhänglich und verschüchtert. Alba hat etwas Rührendes an sich. Niemand hat sich bisher für sie begeistern können. Aber bei Jana ist das anders. Sie weiß auf Anhieb, dass Alba die Richtige sein wird, und ihr Freund mag die alte Hündin auch. Also schickt Jana eine E-Mail an die Organisation und bekundet ihr Interesse, Albas Pflegemama zu werden. Sie schreibt auch von Britta und wie sie über diese auf die Organisation aufmerksam geworden ist. Dann telefoniert sie mit der Freundin. Durch sie erfährt Jana, wie es weitergeht. Jemand wird eine Vorkontrolle in der Pflegestelle machen. Dann wird Alba mit dem nächstmöglichen Transport eintreffen und von Jana abgeholt werden.

Die Vorkontrolle verläuft sehr angenehm. Die Frau ist sympathisch, man versteht sich auf Anhieb. Nur ihr Galgo-Rüde ist nicht angetan von Sam. »Windhunde verstehen sich am besten mit anderen Windhunden. Cato verträgt sich mit den Galgos, Greyhounds oder Podencos, die dürfen sich bei ihm alles erlauben. Aber bei anderen Rassen ist er ein wenig unfreundlich. Er hat so einen pelzigen Hund noch nie gesehen, und sein Schnaufen und macht ihm wohl Angst.«

Cato sitzt neben seiner Besitzerin und versucht Sam zu ignorieren. Sam dagegen ist der Galgo-Rüde sehr sympathisch. Er möchte spielen, springt fröhlich durch die Wohnung und nimmt seine Spielhaltung ein, aber Cato zeigt ihm die Zähne. Auf dem gemeinsamen Spaziergang tut der Windhund, als sei der Mischling gar nicht vorhanden. Sam ist enttäuscht.

Cato fürchtet sich vor fremden Menschen, lauten Geräuschen und schnellen Bewegungen. Aber er ist schon länger in Deutschland, er ist nicht mehr so ängstlich und verstört wie Edita.

»Die beiden sind ganz herrlich zusammen gerannt. Edita und Cato, meine ich. Sie haben sich sofort verstanden und sind im Hof umhergesaust. Galgos schaffen eine Geschwindigkeit von 60 km/h. Es sieht so herrlich und elegant aus, wenn sie laufen. Da ist Edita richtig aufgetaut. Und ich bekomme bald auch eine Hündin zur Pflege. Cato habe ich ja adoptiert. Ihn kann ich nicht mehr hergeben. Er stammt aus einer Tötungsstation, war krank und fast verhungert. Er konnte

nicht stehen, ich musste ihn stündlich füttern, und er hatte Todesangst. Solch eine panische Angst habe ich nie zuvor bei einem Hund erlebt. Dafür hat er sich ganz toll gemacht. Und dann ist er mir weggelaufen. Ich war überzeugt, dass er aus Angst bei mir bleiben würde. Aber auf dem Feld kam ein Hase. Ausgerechnet ein Hase bei einem Hasenjagdhund! Cato war weg. Ich habe Stunden auf ihn gewartet und ihn überall gesucht. Plötzlich habe ich ihn gesehen. Als ich das Auto abstellte und die Tür öffnete, kam er wirklich. Er ist freiwillig eingestiegen. Mein Auto war seine sichere Höhle. Seitdem weiß ich, dass er zu mir gehört. Nur freilassen kann ich ihn nicht, er würde wildern gehen. Er hat einen starken Jagdtrieb!«

Jana seufzt. Das kennt sie von ihrem Sam zur Genüge. Er ist auch ein Leinenhund. Obwohl kein echter Jagdhund, jagt er für sein Leben gerne: Rehe, Hasen, Fasane und Füchse. Sam gibt auf jeder Spur Hetzlaut und reißt wie ein Wilder an der Leine. Nur im eingezäunten Garten kann er frei laufen oder aber beim Spaziergang an der langen Leine.

Jana stellt viele Fragen über Pflegestellen und über die geretteten Hunde. Sie erfährt, dass die Hunde bei ihrer Ankunft geimpft, entwurmt, untersucht und kastriert sind. Durch die Kastration verlieren Rüden und Hündinnen, im Gegensatz zur Sterilisation, nicht nur die Fruchtbarkeit, sondern auch den Geschlechtstrieb. Eigentlich hält Jana nichts davon. Ihre Hunde waren nie kastriert und sie sieht keinen Grund, Sam jemals kastrieren zu lassen. Sie sieht das als Eingriff in die Natur der Hunde. Aber in diesem Fall versteht sie die Gründe. Die Galgos sollen sich nicht weitervermehren und sich auch später in den spanischen Auffangstationen nicht fortpflanzen. Und vor allem sollen sie nicht in falsche, geldgierige Hände geraten, günstig gekauft und hier zu Gebärmaschinen gemacht werden, denn gelitten haben sie genug in ihrem Leben. Jana möchte gerne mehr über ihre zukünftige Pflegehündin erfahren, doch viel ist nicht bekannt. Alba ist auf einer Müllkippe gesehen worden. Sie war völlig abgemagert, voller Wunden und humpelte entsetzlich. Vor lauter Hunger ging sie zwei Tage später in die aufgestellte Lebendfalle. Seitdem sitzt sie im Tierheim. Seit einem Monat. Alba ist ein sehr sensibler Hund. Ihr Humpeln hat inzwischen nachgelassen, und sie ist gesund.

Jana ist aufgeregt. Sie kann nur noch an ihren neuen Hund denken. Sie freut sich, aber manchmal kommen auch leichte Zweifel auf. Einige ihrer Freunde können sie nicht verstehen. Jana aber kann ihre kritischen Freunde überzeugen. Nachdem auch diese die Bilder im Internet gesehen und über die Schicksale der Hunde gelesen haben, verstummen sie. Plötzlich sehen sie die Notwendigkeit von Pflegestellen ein, denn diese lassen sich leichter finden als Adoptivstellen. Außerdem behalten viele der Pflegeeltern ihren Schützling letztendlich doch. Jana möchte schon seit Jahren zwei Hunde haben. Allerdings hat sie vor, Alba wirklich nur in Pflege zu nehmen. Doch Martin und die Freundinnen schmunzeln. »Jeder, der dich kennt, weiß das schon jetzt. Du kannst keinen Hund aufnehmen und dann wieder hergeben. Ich bin überzeugt davon, dass du Alba behalten wirst!«

Aber Jana ist sich lange nicht so sicher wie ihre Freunde. Sie muss erst sehen, wie der Alltag mit zwei Hunden verläuft, wie Alba sich mit Sam versteht und wie die Hündin sich einlebt. Und dann kommt die Nachricht, dass Alba keine uralte Hündin ist, obwohl sie so aussieht und sich auch so verhält. Sie ist ruhig und beinahe träge, sie wirkt müde und alt. Aber anhand des Gebisses hat der Tierarzt festgestellt, dass Alba erst drei oder vier Jahre alt ist. Kein Problem für Jana und Martin. Ob drei oder elf Jahre – sie wollen Alba auf jeden Fall aufnehmen.

Jana kann es kaum erwarten. Den letzten Transport hat Alba nicht mitmachen können, weil sie zu schwach war. Sie musste erst ein wenig aufgepäppelt werden. Schließlich bekommt Jana eine E-Mail. Alba kann ausgeflogen werden, wenn sich jemand findet, der den Hund zum Flughafen mitnimmt und sich einer der Flugbegleiter bereit erklärt, das Tier vor Ort zum vereinbarten Treffpunkt zu bringen. Jana soll sich einen großen Flughafen aussuchen. Wieder heißt es abwarten. Und immer noch mischen sich Angst und Zweifel mit Freude und Aufregung. Mehrfach hat Jana gelesen, dass einige Hunde sehr elend aus der Box kommen und dass man furchtbar erschrickt, wenn man diese geschundenen Galgos zum ersten Mal sieht. Aber ihre Entscheidung für Alba und ihre Zusage bereut sie keine Sekunde. Die Freude und das Glück darüber, einen Hund retten zu können, überwiegt jeden Zweifel. Sie kann kaum noch ruhig schlafen.

Der Flieger soll am Samstag in der Nacht ankommen. Diese Zeit erschwert den Ablauf, denn gerade an diesem Wochenende hat Jana einer Freundin versprochen, bei ihr zu übernachten. Die Freundin ist krank, kann schlecht alleine bleiben, und ihr Mann ist auf einer Fortbildung. »Kein Problem!«, sagt Martin. »Der Flughafen ist nur eine Stunde Fahrt von Sandra entfernt. Das ist doch gut für Alba. Und Sam lassen wir bei Sandra, dann muss er nicht auch noch mit zum Flughafen.«

Sam hat bisher überallhin mitkommen dürfen, wenn es irgendwie machbar gewesen ist. Nur bei kurzen Arztbesuchen und Einkäufen hat er zu Hause bleiben müssen. Jana möchte ihn mit zum Flughafen nehmen, aber dann kommt auch sie von dem Gedanken ab. Der Flug kann Verspätung haben, sie wissen nicht, wie es Alba geht und wie sie sich verhalten wird. Vielleicht hat sie Angst vor Sam.

Dann ist es soweit. Jana und Martin fahren mit Sam zu Sandra. Auch Sandra hat zwei Hunde. Diese toben immer ausgelassen mit Sam durch den Garten. Mit dem Chow-Mischling gibt es nie Probleme. Es ist herrlich zuzusehen, wie die drei Hunde im Garten rennen und balgen. Henry und Mimi sind Eurasier. Die drei rempeln sich im vollen Lauf an. Henry und Sam packen sich am Pelz. Sie zerren sich an den Ohren und den Läufen. Sie grollen und knurren, doch das ist nur Schau. Die drei Hunde verstehen sich sehr gut. Sie spielen zwar grob miteinander, aber der dicke Pelz schützt sie immer. Auf fremde Hündinnen allerdings reagiert Mimi angstaggressiv. Sie ist zu oft gebissen worden und hat ein Trauma davongetragen. Deswegen passt es Jana gar nicht, dass sie gerade dieses Wochenende zu ihrer Freundin fahren muss. Aber sie hatte es versprochen.

Um 19 Uhr klingelt das Telefon. Jana und Martin verabschieden sich von Sam und Sandra, legen die Decken und die Wasserflasche für Alba ins Auto und fahren los. Auf der Autobahn fährt Jana. Sie will sich ablenken, denn sie ist wahnsinnig nervös. Sie schwitzt, friert und zittert zugleich. Aber sie freut sich rasend auf den Hund.

Auf dem Flughafen bekommen sie einen Anruf von Sandra. Sie übermittelt eine Nachricht. Der Flug wird Verspätung haben. Jana kann die Spannung kaum aushalten. Sie schlendert mit Martin über das Gelände und macht sich Sorgen um den wartenden Sam und um

Alba. Die Zeit zieht sich. Jana und Martin suchen den Ankunftsschalter. Dort will Jana warten. Martin lacht. »Es sind noch zwei Stunden! Wir können uns doch noch ein wenig umsehen!«

Jana stimmt zu, aber ihr ist übel. Sie fühlt sich angespannt wie vor einer Prüfung. Schließlich sitzen sie wieder am Ankunftsschalter und starren auf die Tür. Die Anzeige blinkt, das Flugzeug aus Madrid ist gelandet.

»Jetzt dauert es sicher noch eine halbe Stunde!«, sagt Martin. Janas Bauch krampft sich zusammen. Sie hat Angst. Angst, dass es Alba sehr schlecht geht. Angst, dass etwas schief geht. »Passen Sie gut auf, dass sie Ihnen nicht am Flughafen entwischt. Sie wird total panisch sein!«, hat die Frau am Telefon eindringlich gewarnt. Fremde Leute kommen durch die Tür. Keine Hundebox ist zu sehen. Aber dann kommen zwei spanische Stewardessen. Sie schieben einen Gepäckwagen mit einer Flugbox.

»Da sitzt Alba drin!«, flüstert Jana. Plötzlich ist eine riesengroße Freude da. Jana und Martin gehen zu den Stewardessen, die nur Englisch sprechen. »Take care of her!«, sagt die eine und »Thank you!« die andere. Die Hundebesitzer sind gerührt und bedanken sich ebenfalls. Dann schiebt Martin die Flugbox, in der ein großes, dürres Tier rumort. Jana schaut durchs Gitter und sagt leise: »Hallo, Alba! Geht es dir gut, Alba?«

»Sie ist ja riesengroß!« Martin ist ein wenig bestürzt. Er schiebt ganz vorsichtig den Gepäckwagen. Jana läuft nebenher und redet mit dem Hund. Durch das Gitterfenster ist nicht viel von der Galga zu sehen. Sie versucht, sich in der Box aufzurichten und gibt leise, klagende Töne von sich. Jana geht das sehr ans Herz. Sie fühlt eine riesige Verantwortung für das Tier und ihre Liebe ist übergroß.

Martin hebt die Flugbox in den Kombi. »Wir holen sie lieber zu Hause raus. In Ruhe!«, sagt Jana. Während Martin den Gepäckwagen zurückbringt, kniet Jana vor der Box und redet sanft mit dem Hund. Sie muss sich sehr langsam bewegen, sonst erschrickt das große, dürre Tier in der Box und stößt sich den Kopf. Jana sieht eine lange, graue Schnauze, eine tiefe Narbe am Kopf und insgesamt ein furchtbar abgemagertes, schlotterndes Wesen. Und sie muss weinen. Auf dem Rückweg steuert Martin das Auto extra vorsichtig.

Jana und Martin haben entschieden, die Flugbox durch den Keller zu tragen. Sie wollen Alba im ausgebauten Kellergeschoss herauslassen, damit Mimi nichts von dem Hund merkt. Als Jana die Haustür öffnet, liegt Sam davor. Er hat es nicht verstanden, warum sie ihn bei Sandra gelassen hat. Nun erhebt er sich und wedelt. Aber Mimi schießt auf Jana zu und knurrt. Sie riecht die fremde Hündin. Dann bellt sie wütend. Jana begrüßt kurz Sam, aber sie hat jetzt andere Sorgen. Sie geht durch den Keller und öffnet die Tür. Dann trägt sie ganz vorsichtig mit Martin die Flugbox. Mimi bellt und bellt.

»Wir müssen sie hier unten rauslassen. Ich will nicht, dass Mimi auf sie losgeht. Hier ist es auch näher zum Garten.«

Eigentlich hatte Jana vor, Sam dazuzuholen, wenn sie Alba aus der Box herauslässt. Alba mag andere Hunde, zumindest sagten das die Mitarbeiter des spanischen Tierheims. Und Sam kam bisher auch mit jedem Hund zurecht. Jana hofft, dass Alba über Sam Vertrauen zu ihr fasst. Doch alles kommt anders. Mimi tobt und kläfft, und in der Box rumort der dürre Hund. Behutsam öffnet Martin das Gitter der Flugbox. Aber Alba verkriecht sich in die hinterste Ecke. Die Flugbox ist ihre sichere Höhle, ihre einzige Zuflucht.

»Ich lasse euch am besten alleine«, entscheidet Martin. »Vielleicht kommt sie dann eher heraus.« Jana hockt sich auf den Boden und lockt den ängstlichen Hund. Aber Alba kommt nicht, sie traut keinem Menschen. Nur die Flugbox scheint ihr sicher. Martin bringt Futter und Wasser. Mimi hat aufgehört zu bellen. Schließlich beginnt Martin ganz vorsichtig, die Box auseinanderzubauen. Dann hebt er behutsam den Deckel ab.

Jana und Martin sind zutiefst schockiert. Selbst Martin ist den Tränen nahe. Auf dem Boden der Box kauert ein jämmerliches Wesen. Alba besteht nur aus Haut und Knochen, sie sieht aus wie ein Skelett. Sie hat sich völlig eingerollt, hat ihre langen, dürren Beine verdreht und beinahe gefaltet. Die riesige Hündin wirkt ganz klein und kümmerlich. Die Ohren sind aus Angst eng an den Kopf gezogen. An den Gelenken hat sie blutige Wunden, so groß wie Fünf-Mark-Stücke, die das rohe Fleisch sehen lassen. Sie duckt sich und zittert, als erwarte sie Schläge. Über ihrem rechten Auge zieht sich eine tiefe Narbe, auch an der Flanke sind böse Narben und Wunden

zu erkennen. Albas Blick flackert unruhig, sie lässt die fremden Menschen nicht aus den Augen. Menschen bedeuten nur Schlechtes für sie, Schläge, Misshandlungen und Qual.

Martin verlässt den Raum wieder, um den Hund nicht noch mehr zu verunsichern. Jana hockt weiterhin auf der Erde und redet freundlich mit Alba. Immer wieder sagt sie leise den Namen des Hundes. Sie hält ihr behutsam das Futter vor die Nase. Alba reckt den Kopf, die lange Schnauze erhebt sich, sie wittert und wimmert. Wenn sie aufsteht, knickt sie sofort wieder ein und bricht beinahe zusammen. Jana laufen die Tränen über das Gesicht. Der Hund tut ihr unendlich leid und rührt sie zutiefst.

Schließlich ist Albas Hunger größer als ihre schreckliche Furcht. Sie stolpert aus der Box und stößt dabei klägliche Töne aus. Jana reicht ihr das Futter. Doch so langsam sie ihre Hand auch bewegt, Alba zuckt zusammen, duckt sich und flüchtet in ihre Box zurück. Jana stellt das Futter auf den Boden und schiebt es behutsam in Albas Nähe. Der große, verhungerte Hund ist ihr fremd und vertraut zugleich. Jetzt frisst Alba. Gierig schlingt sie alles hinunter. Nur bewegen darf Jana sich nicht.

Alba verbindet Futter mit Konkurrenz und Ärger. Auf den spanischen Müllhalden ist sie von den anderen Hunden weggebissen worden. Es ging um Leben und Tod. Als Jana husten muss, springt Alba panisch in die Box und überlässt dem Zweibein kampflos das Futter. »Das ist für dich, Alba. Friss es ruhig, meine Kleine. Albalein, ich will das Futter nicht. Komm, es ist alles für dich. Du musst keine Angst haben, meine Süße. Alba, alles ist gut, du bist gerettet. Na, komm, Alba, trau dich.« Der Hunger treibt die Hündin erneut aus der Box. Als sie frisst, schiebt sie den Napf mit der Schnauze über den Boden. Damit tut Alba etwas, was Jana nie zuvor bei einem Hund gesehen hat. Sie stellt eine Pfote in den Napf, verhindert dadurch, dass er wegrutscht, und frisst um ihre Pfote herum. Alba ist ein schlauer Hund. Als sie Mimi erneut ärgerlich kläffen hört, zuckt sie zusammen und flieht wieder in die Box. Sie erwartet einen Angriff und meint sicher, Mimi wolle ihr das Futter streitig machen.

Jana schiebt den Wassernapf zu Alba, und die Hündin säuft und säuft. Sie leckt den Futternapf aus und leckt sich die Schnauze. Sie

sucht überall Essbares und stößt sich dabei den Kopf an einem Tisch, so dass es knallt. Jana zuckt zusammen, Alba auch, sie kennt keine Tische. »Ich gebe dir noch mehr Futter, Süße, keine Angst. Aber du darfst nicht zu viel fressen. Das packt dein Magen nicht. Alba, langsam, ganz langsam.«

Als Jana mit Futter zurückkommt, liegt Alba schon wieder eingekauert in der Box, sie hat sich winzig klein zusammengekrümmt und duckt sich. Erneut scheint sie Schläge zu erwarten und furchtbare Angst zu haben. Sie hat sich ihre Beine in der Box aufgescheuert. Ihre Gelenke sind blutig und geschwollen. Jeder Muskel und jede Sehne ist zu sehen, sie hat kein Gramm Fett. Außerdem ist die Flugbox voller Kot, Urin und Blut. Jana versucht, Alba herauszulocken. Mit Futter klappt es. Als Martin vorsichtig das Zimmer betritt, flüchtet Alba sofort zitternd in ihre Box. Er muss sich an die Wand stellen und darf sich nicht bewegen, so kann Jana die Hündin aus der Box holen.

Martin trägt die Box hinaus, um sie zu säubern. Jana legt Decken hinein und macht es gemütlich für den Hund. So jämmerlich Alba sich auch darin zusammenkrümmen muss, noch braucht sie die Box als letzte Sicherheit. Sie friert, und Jana deckt sie behutsam zu. Die Hündin riecht an ihrer Hand. Sie bleibt genauso liegen, wie Jana sie zugedeckt hat. Alba ist sehr dankbar.

Die Hündin will nur schlafen und fressen. Sie muss viel verarbeiten, und sie ist froh, ihre Ruhe zu haben. Jana füllt den Wassernapf und lässt Alba alleine. Sie ist gar nicht müde. Sie schreibt eine Mail und teilt mit, dass Alba gut angekommen ist. Dann geht sie zu Sam, aber der ist beleidigt. Das hat Jana bei ihrem Chow-Mischling nie zuvor erlebt. Sam wendet sich ab. Er riecht den fremden Hund und er spürt, dass sein geliebtes Frauchen nicht bei der Sache ist. Jana leint die drei Hunde an, dann dreht sie mit Martin und den Hunden eine Abendrunde. Aber auch das kann Sam nicht aufheitern.

Sandra schläft bereits, und Jana lässt die zwei Eurasier vorsichtig ins Schlafzimmer. Sie hält es für keine gute Idee mehr, Sam zu Alba zu lassen. Er würde ihr nie etwas tun, und sie ihm auch nicht. Aber Sam leidet. Er fühlt sich vernachlässigt. Früher war er der einzige Hund in Janas Leben. Nun benimmt er sich wie ein Einzelkind, das ein Geschwisterchen bekommen hat, ohne es zu wollen.

Jana will ihren Hund kraulen, aber er reagiert nicht. Sam ist wirklich gekränkt. Dann lässt sie ihn bei Martin und schaut noch einmal nach Alba. Die Hündin hat auf den Teppich gepinkelt. Sie weiß nicht, wie sie sich bemerkbar machen soll. Jana holt ein Brustgeschirr und eine Leine. Alba hat furchtbare Angst und will das Geschirr nicht anziehen. Sie duckt sich, legt die Ohren an, lässt aber alles ganz lieb über sich ergehen. Galgos sind duldsame Hunde, die sich nicht wehren. Deswegen sind sie leider immer die idealen Opfer. Sie werden nicht aggressiv, unternehmen nichts nicht gegen ihre Peiniger und bleiben stets friedlich, was auch immer passiert. Sie sind einfach zu sanftmütig und lieb.

Ganz behutsam führt Jana die verschreckte Hündin zur Tür. Sie strebt zu ihrer Box, geht dann zitternd und mit krummem Rücken hinter Jana her. Im dunklen Garten klemmt Alba den Schwanz zwischen die Beine, legt die Ohren an und sieht damit aus, als habe sie keine. Alba schleicht durch den Garten, zuckt bei jedem Geräusch zusammen und hält auch Abstand zu Jana. Dann hockt sie sich nieder und pinkelt. Jana lobt sie ausgiebig. Die beiden drehen einige Runden, und schließlich hat Alba alle Bedürfnisse erledigt. Jana ist begeistert. Ganz vorsichtig streichelt sie die Hündin, und Alba schaut sie mit riesigen Augen ängstlich an.

Sie strebt zurück in ihre Box. Dort kringelt sie sich ein, und Jana deckt sie zu. Nun ist sie doch müde und versucht zu schlafen, obwohl sie viel zu aufgeregt dazu ist.

Martin liegt bereits im Bett, und Sam sitzt wartend in einer Ecke des Zimmers. Als sein Frauchen hereinkommt, wedelt er matt. Sie ruft ihn zu sich, und normalerweise wäre er fröhlich auf sie zu gekommen und würde sie kumpelhaft anrempeln. Heute mag er nicht. Jana ist verzweifelt. Sie hat Sam nicht kränken wollen, aber sie musste sich um Alba kümmern. Sie setzt sich zu Sam auf den Boden, streichelt ihn und redet mit ihm, aber er bleibt reserviert. So kennt sie ihn gar nicht. Aber bisher hat Sam auch noch nie Grund gehabt, sich zurückgesetzt zu fühlen. Er ist immer die Nummer Eins bei Jana gewesen.

Für Jana wird es eine unruhige Nacht. Sie lauscht ins Nebenzimmer, aber von Alba kommt kein Ton. Jana grübelt und sorgt sich um Sam. Es tut ihr leid, dass er sich vernachlässigt fühlt.

Am nächsten Morgen ist Jana früh wach. Als sie den Nebenraum betritt, liegt Alba noch genauso im Korb wie in der Nacht. Jana zieht ihr das Brustgeschirr an und führt sie in den Garten. Wieder ist Alba unsicher, setzt sich aber lieb und verrichtet ihre Bedürfnisse. Dann findet sie einen alten Kauknochen von Mimi. Es ist tragisch, was sich nun abspielt. Der magere, große Hund zittert, will die Beute wegschleppen, geht in die Knie und nagt gierig daran, bis Blutstropfen aus dem Maul fließen. Alba hat sich weh getan. Jana will nicht als Feind gelten, der ihr Futter raubt. So ruft sie Martin. Sie tauschen die gefüllte Futterschale gegen den Kauknochen, und Alba lässt sich ihn friedlich wegnehmen. Wieder ist Jana zu Tränen gerührt. Das, was Sam, Mimi und Henry liegen lassen, was ihnen nicht fein genug ist, schlingt die arme Galga gierig hinunter. Sie will fressen und fressen und stellt dabei wieder die Pfote in den Napf, um ein Wegrutschen zu verhindern. Zum Schluss schleckt sie ihn säuberlich leer.

Martin und Jana gehen einige Male mit der Hündin durch den Garten. Aber Alba zittert und klappert mit den Zähnen. Sie möchte zurück in ihre sichere Flugbox. Jana geht mit ihr in den Keller. Sofort steigt Alba in die Box und rollt sich zusammen. Sie kann sich ganz klein machen. Jana streichelt sie und redet mit ihr. Und Alba schaut sie unverwandt an, fragend und besorgt. Dann deckt Jana die Hündin zu, stellt einen zweiten Wassernapf hin und dreht die Heizung höher.

Sie macht sich Gedanken um Albas Wunden. Das rohe Fleisch ist zu sehen, es sieht schrecklich aus. Immer wieder beleckt Alba intensiv die Wunden, knabbert die Verschorfung ab und kaut darauf herum. Jana entschließt sich, Sandra zu fragen, was sie machen soll. Die Freundin studiert Medizin. Sandra geht es zwar nicht gut, aber sie möchte die Hündin gerne sehen. Als sie das Zimmer betritt, gerät Alba in Panik. Aber Sandra ist ganz behutsam. Auch sie ist schockiert vom Zustand der Hündin. Jedem, der Hunde liebt, muss dieser jammervolle Anblick ans Herz gehen.

»Die Wunden würde ich einfach lassen!«, sagt Sandra. »Sie sehen ganz sauber aus, nichts ist entzündet oder eitrig. Wenn wir etwas darauf schmieren, leckt sie es ab, und ein Verband ist auch nicht gut. Es soll ruhig Luft an die offenen Stellen kommen. Allerhöchstens könn-

te sie eine Halskrause bekommen, um nicht zu lecken, aber ich rate davon ab. Die Wunden verheilen gut. Wir behalten sie im Auge. Es sieht schlimmer aus, als es ist.«

Eine Halskrause will auch Jana der verschüchterten Hündin keinesfalls zumuten. Schon jetzt rennt Alba voller Panik gegen den Tisch und die Stühle. Wenn sie flüchten will, rutschen ihre Pfoten weg, sie schlingert und bekommt Todesangst. Alba hat sehr große Pfoten, das ist ein Markenzeichen der Galgos. Die Pfoten der Greyhounds sind zierlicher.

Sam rückt zur Seite, als Jana ihn begrüßen will. Er wedelt verhalten. Auch Martin behandelt er jetzt abweisend. Seine Besitzer riechen nach einem fremden Hund, und Sam kann nicht begreifen, warum sie immer wieder in diesem Zimmer verschwinden. Er setzt sich demonstrativ neben Sandra, rempelt sie freundschaftlich an und grunzt, als wolle er Jana und Martin zeigen: Ich gehöre ja wohl nicht mehr zu euch! Jana ist zum Weinen zumute. Sie will Alba helfen, hat die dürre, ängstliche Hündin fest ins Herz geschlossen, aber sie will nicht die enge Bindung zu ihrem Sam aufs Spiel setzen. Später machen Jana und Martin eine lange Wanderung mit den drei Hunden, während Alba schläft. Sie ist immerzu müde und scheint froh zu sein, wenn sie ihre Ruhe hat. Sie muss sich erst einleben und die neuen Erfahrungen verarbeiten.

Jana kommt sich vor, als lebe sie in zwei Welten. Im Gästezimmer der halb verhungerte, tragische Hund, der dankbar für jegliches Futter ist. Und dann die drei pelzigen, wohl genährten, die einen Teil ihres Futters stehen lassen. Im Garten hat Alba versucht, Würmer und Schnecken zu fressen. So hat sie sich im Wald ernähren müssen. An den Mülltonnen ist sie stark interessiert gewesen und hat sie ausräumen wollen. Dagegen wirken die drei anderen Hunde nahezu verwöhnt, wenn sie nur die besten Stücke aus dem Fressnapf suchen. Jana fühlt sich zerrissen, ist traurig und froh zugleich. Am nächsten Morgen betritt sie das Zimmer, und zum ersten Mal wedelt Alba kurz. Jana ist zu Tränen gerührt und streichelt die Hündin. Aber das Wedeln wiederholt sich nicht. Noch nicht.

Im Garten ist die Hündin heute schon ein wenig neugieriger. Sie taut langsam auf und schnüffelt, sie steht nicht mehr nur geduckt

und schlotternd da. Martin und Jana haben beschlossen, Sam und Alba einander vorzustellen. Normalerweise fordert der Chow-Mischling jeden Hund zum Spiel auf.

Martin lässt den Hund in den Garten. Erst stürmt der Rüde fröhlich heran und will sein Frauchen begrüßen. Doch dann erkennt er die Hündin und bleibt irritiert stehen. Jana ruft ihn, Sam kommt langsam näher. Er versucht mit Alba zu spielen, aber er wirkt sehr unsicher dabei. Und Alba reagiert anders als alle Hunde, die er bisher erlebt hat. Sie steht einfach nur da, zittert und ignoriert ihn. Sam macht den Eindruck, als zerbreche etwas in ihm. Er starrt Jana und Alba an, dann geht er auf das Haus zu. Jana läuft ihm nach, ruft und streichelt ihn, aber er wendet den Kopf zur Seite und weicht ihr aus. Alba winselt. Sie will wieder in ihren Keller, und Jana weiß nicht, was sie tun soll. Sie müsste sich zweiteilen können.

Schließlich bringt Martin Alba zurück und füttert sie. Jana leint Sam an und macht einen ausgedehnten Spaziergang. Nur sie und er, genau wie früher. Sam schnüffelt interessiert und hebt das Bein. Er benimmt sich ganz normal, aber zu Hause läuft er zu Sandra, setzt sich wieder demonstrativ neben sie und meidet Jana. Er fühlt sich abgemeldet. Sam leidet, und Jana ist völlig verzweifelt. Schließlich gehen Jana und Martin erneut mit den Hunden in den Garten. Nur Mimi knurrt so sehr, dass man sie bei Sandra lassen muss. Henry nähert sich der fremden Hündin, aber Alba knurrt vor Angst. Da beginnt der Eurasier empört zu bellen und scharrt mit den Hinterbeinen. Er will damit deutlich machen: Dies ist sein Revier, da hat die Fremde ihn nicht anzuknurren. Sam und Alba ignorieren einander immer noch.

Sandras Katze taucht auf, doch als sie die fremde Hündin sieht, flüchtet sie. Laut Auskunft des spanischen Tierheims liebt Alba Katzen und lässt sich alles von ihnen gefallen. Jetzt steht sie angespannt da und wittert. Immerhin zeigt sie Interesse, sie duckt sich nicht mehr und wirkt nur noch wenig verschüchtert. Martin hat die Katze auf dem Arm. Jana führt Alba heran und redet beruhigend mit ihr. Aber Alba schaut an der Katze vorbei, sie hat Angst. Jetzt wird die Katze mutig. Vor so einem dürren, verängstigten Hund fürchtet sie sich noch lange nicht. Sie faucht und plustert sich auf. Alba geht

geduckt rückwärts, ihr ist die drohende Katze nicht geheuer. Dann springt die Katze von Martins Arm und saust davon. Alba will hinterhersprinten und stellt dabei die Ohren auf. Zum Glück kann Jana die Hündin festhalten, die sofort zu schlottern beginnt und Angst hat, hart bestraft zu werden. Als nichts Böses passiert, scheint sie verwundert. »Jetzt fahren wir aber nach Hause!«, sagt Martin. »Sandras Mann wird in einigen Stunden zurück sein, und es geht ihr auch schon besser.«

Im Haus tobt und randaliert Mimi, die die fremde Hündin verscheuchen möchte. Martin trägt die Sachen ins Auto, den unteren Teil der Flugbox stellt er in den Gepäckraum des Kombis. Jana öffnet die Klappe, und alle erwarten, dass Alba Angst vor dem Auto hat. Doch sie springt mit einem eleganten Satz hinein, setzt sich in die mit Decken gepolsterte Box und zeigt wenig Furcht. Vorsichtig schließt Jana die Heckklappe, und vor dieser hat Alba Angst. Kein Wunder! »Sie hat so einen langen Schwanz, da muss man wahnsinnig aufpassen, dass er nicht in der Tür klemmt«, sagt Jana.

Sam springt auf die Rückbank und tut, als gehöre er nicht dazu. Dann geht die Fahrt los, und Alba verhält sich vorbildlich. Sie ist eine problemlose Mitfahrerin. Jana ist begeistert, aber gleichzeitig immer noch traurig. Sie hat ihr Herz an die spanische Galga gehängt, aber es tut ihr weh, wie ihr Rüde leidet. Immer noch. »Er muss sich daran gewöhnen. Einzelkinder werden auch nicht gefragt, wenn sie Geschwister bekommen. Das ist am Anfang auch hart«, meint Martin, aber Jana hat große Bedenken, denn Sam ist sensibel, und er leidet wirklich.

Alba ist unsicher, als sie zum ersten Mal in ihr neues Zuhause geführt wird. Sie geht geduckt und hält sich an Jana. Sam rast sofort fröhlich in den Garten und wirkt geknickt, als Jana diesen mit Alba betritt. Sam liebt den Garten über alles und dachte wohl, wenigstens hier müsse er nicht teilen. Alba setzt sich auf den Beton und will ihr Bedürfnis verrichten. Jana zieht sie auf den Rasen und lobt sie sehr. Alba hat begriffen. Seitdem setzt sie sich nur noch ins Grüne. Sie ist ein gelehriger Hund.

Im Haus richtet Jana ein Hundebett für Alba ein, und Martin trägt die Flugbox in den Keller. Alba soll lernen, ohne diese Höhle zu

leben. Sie legt sich schnell auf das Hundebett und rollt sich zusammen. Abends gehen Martin, Jana und Sam in den Park. Sie wollen Alba diesen Spaziergang noch nicht zumuten. Alba bleibt gut alleine. Sie heult nicht und sie scheint stubenrein zu sein. Als die drei zurückkommen, liegt die Küche voller Fetzen und Hundeflocken. Jana hat die Großpackung Hundefutter auf dem Schrank vergessen. Alba ist immer hungrig, sie hat einen schrecklichen Nachholbedarf. Sie hat die Packung vom Schrank gerissen und geöffnet. Die trockenen Flocken schlingt sie gierig hinunter, rast dann geduckt und panisch auf ihr Hundepolster und erwartet Strafe. Jana kehrt seufzend das Futter zusammen. Sam schnuppert und wendet sich angewidert ab. »Wir dürfen nichts Essbares stehen lassen! Das Futter muss ich ins Bad räumen oder in die Schränke. Sonst reißt sie uns alles herunter, die Arme!« Und so wird der gesamte Vorrat an Hundefutter anderweitig verstaut.

Nachts schläft Sam im Schlafzimmer vor dem großen Bett. Das ist sein letztes Vorrecht. Alba schläft im Wohnzimmer, und Jana lässt die Tür offen. Die Galga meidet den Schlafraum, als habe sie verstanden, dass dort Sam herrscht. Dabei ist der Rüde ganz friedfertig. Er tut Alba ebenso wenig wie sie ihm, aber sie ignorieren sich. Sam bleibt verändert und leidend, so sehr Jana sich auch mit ihm befasst, ihn krault und knuddelt, mit ihm spricht und spazieren geht. Er tut, als gehöre er nicht dazu. Jana ist verzweifelt. So lieb sie Alba hat, Sam war zuerst da und er darf nicht so leiden. Aber Jana weiß keine Lösung.

Am nächsten Morgen hat Alba ins Haus gepinkelt. Sam ist angewidert und macht einen großen Bogen um die Hinterlassenschaft. »Sie weiß nicht, dass sie sich bemerkbar machen kann«, sagt Jana und beginnt zu putzen. Martin eilt mit der Hündin in den Garten. Alba muss sehr oft hinaus. Vielleicht muss sie erst die Futterumstellung verkraften. Bis zu zehnmal am Tag macht sie, und wenn sie gefressen hat, muss sie spätestens zwei Stunden später raus. »Das legt sich bestimmt, wenn sie sich umgestellt hat«, meint Martin.

Jana und Martin fahren mit den Hunden zum ersten Mal in den Wald. Alba ist unsicher. Sie legt die Ohren an, klemmt die lange Rute ein und hält sich dicht an Jana. Sam dagegen reißt und zerrt wild an

der Leine. »Das ist eine echte Wohltat, Alba zu führen«, sagt Martin, dem von Sams Zerrerei schon der Rücken weh tut. Während Sam neugierig ins Gebüsch strebt, zuckt Alba bei jedem Geräusch zusammen. Selbst vor dem Zwitschern der Vögel hat sie Angst. Sam zieht vorwärts, ihm kann es nicht schnell genug gehen. Alba geht dicht neben Jana, passt sich deren Schritten an und blickt mit großen, verstörten Augen in diese fremde Welt. Sam kann nicht genug kriegen. Er bockt und verweigert sich, als er zum Auto zurückgehen soll. Alba dagegen scheint erleichtert, das rettende Auto wiederzusehen. Sie springt sofort hinein und seufzt laut. »So ein rührender Hund«, sagt Martin. »Was sind das für herzlose Menschen, die ein solch sanftmütiges Wesen quälen?« Darauf weiß Jana auch keine Antwort.

Zu Hause angekommen, gibt es für die Hunde erst einmal etwas zu fressen. Alba kann noch immer nicht glauben, dass das Futter wirklich für sie sein soll. Jana streichelt die Hündin und redet ihr gut zu. Nun frisst Alba. Und wie! Aber sie steht immer noch geduckt da, rollt die Augen und zuckt bei jedem Geräusch zusammen. Wenn Sam sich ihr nähert, saust sie davon, schmeißt sich auf ihre Decke und zittert. Dabei will Sam ihr gar nichts Böses. Aber Fütterung verbindet die spanische Galga mit Konkurrenz, Beißerei und Ärger. Sie erwartet automatisch, Sam oder auch Jana wollten ihr das Futter streitig machen und sie angreifen. Aber Jana redet immer mit ihren Hunden. Sie spricht mit ihnen, erzählt ihnen ihre Gedanken und nimmt den Tieren durch ihre ruhige, freundliche Stimme jegliche Angst.

Dann kommt der Tag, an dem Alba ihre erste Abendrunde durch den nächtlichen Park dreht. Sie hält ein, bis das erste Fleckchen Grün erreicht ist. Da hockt sie sich sofort hin und wird ausgiebig dafür gelobt. Weil sie noch nie im Park war, ist sie verängstigt. Sie legt die Ohren an, klemmt die Rute ein und zittert. Kommen fremde Leute entgegen, drängt sie sich in die Mitte und sucht Schutz zwischen Sam, Martin und Jana. Als drei grölende Jugendliche kommen, gerät Alba in Panik. Jana streichelt sie und redet beruhigend auf sie ein. Alba zerrt zurück ins Haus. Sie rast auf ihren Platz, schmeißt sich hin und seufzt laut – froh, wieder im sicheren Heim zu sein.

Sam macht weiterhin einen großen Bogen um Alba. Wenn Jana sich auf den Boden setzt, Alba streichelt und ihr ins Ohr flüstert,

starrt Sam sie nur an. Er fixiert sie, dann erhebt er sich, geht und legt sich weit weg. Also folgt ihm Jana und ruft seinen Namen, aber er wedelt nur matt. Dabei hat Jana zwei Hände, sie könnte beide Hunde gleichzeitig kraulen, aber Sam weigert sich, in Albas Nähe zu gehen. Und er frisst auch nach wie vor nichts, was Alba im Maul hatte, als ob er sich vor ihr ekeln würde.

Am nächsten Tag entdeckt Jana, dass Albas Kastrationsnaht behandelt werden muss. Der Faden wächst langsam ein. Auch an einem Bein ist das Tier genäht worden, dort hängt der Faden noch in der verschorften Wunde. Also fahren Jana und Martin zum Tierarzt. Martin hebt Alba auf den Tisch und ist erstaunt, wie wenig sie wiegt. Alba zittert fürchterlich. Sie lehnt sich ganz eng an Martin an. Martin und Jana halten den schlotternden Hund, streicheln ihn und reden ihm gut zu. Die Fäden müssen schleunigst entfernt werden. Die sanftmütige Hündin lässt die Behandlung ganz lieb über sich ergehen. Der Tierarzt schaut sich Albas Wunden an und meint, sie würden von selbst verheilen. Der Hund wird in Zukunft weniger Probleme mit Insekten haben. Bisher kann man das nämlich nicht sagen. Sieht oder hört Alba eine Fliege, verspannt sie sich völlig. Sie ist nur auf das Insekt fixiert, springt in die Luft und macht Jagd auf die Fliege. »Das kommt bestimmt, weil sie so viele Wunden hatte. Sicher haben die Fliegen sie in Spanien schrecklich belästigt, jetzt dreht sie durch und will sie vernichten!« Aber Alba dehnt ihre Abneigung auch auf Bienen und Wespen aus. Jana muss aufpassen. Alba ist unglaublich schnell und sportlich. Einmal erwischte sie eine Wespe fast, sprang wie ein Pferd und schnappte wild um sich. Jana musste ihre Hündin stoppen, damit Alba nicht gefährlich in die Schnauze gestochen wurde.

Alba hat eine ganz andere Verdauung als Sam. Als Jana unter der Dusche steht, winselt Alba. Martin meint, sie rufe nach ihrem Frauchen, und reagiert nicht. Da macht die Hündin drei dicke Haufen ins Haus. Sie hat versucht, auf sich aufmerksam zu machen, weiß aber noch nicht genau, wie. Wenn Alba hinaus muss, dann sofort. Das lernen Martin und Jana schnell. Eigentlich ist Alba stubenrein, aber wenn sie ein Bedürfnis verspürt, hat sie viel weniger Hemmungen als Sam, der lieber sterben würde, als sein Revier zu verunreinigen.

Langsam taut Alba auf. Sie wedelt, wenn Jana sich ihr nähert. Sie stellt aufmerksam die Ohren auf und geht nicht mehr geduckt. Redet Jana mit ihr, wedelt sie immer mehr, trabt heran und schiebt Jana die lange Schnauze ins Gesicht. Sie will gestreichelt werden. Hört Jana auf, kratzt Alba mit der großen Krallenpfote. Dabei bemerkt Jana, dass der Hündin die Wolfskrallen an allen Pfoten gezogen wurden. Sie hält Rücksprache mit dem Verein und erfährt, dass so etwas meist bei den Galgos in Spanien gemacht wird. Es soll die Verletzungsgefahr bei der Jagd mindern, aber die Wolfskrallen werden ganz brutal und roh gezogen. Deswegen zuckt Alba erschrocken zurück und wimmert, wenn Jana ihre Pfoten streicheln will. Sie verbindet böse Erinnerungen mit der Berührung. Immer wieder ist Jana erschüttert, wenn sie merkt, was ihre spanische Pflegehündin alles erlebt haben muss. Aus Albas Verhalten kann man sich ein deutliches Bild machen, wie schrecklich und grausam ihr Leben war.

Mit dem Auftauen verbunden ist eine Phase, in der Alba anfängt, ihre Grenzen auszutesten. Eines nachts wird Jana von einem enormen Getöse geweckt. Alba hat alle Gegenstände vom Tisch geworfen, ist über diesen auf das Sofa geklettert und liegt dort ausgestreckt wie eine Diva. Aber Jana und Martin möchten ihre Hunde nicht auf dem Bett und dem Sofa haben. »Alba! Runter da! Nein! Geh auf deinen Platz!«, ruft Jana, aber Alba schaltet auf taub. Sie ignoriert Jana einfach, liegt da und benimmt sich wie eine Königin. Jana redet freundlich und leise mit der Hündin, aber das hilft nicht. Dann wird sie lauter und strenger. Alba hebt den Kopf und wedelt stürmisch. Ihr langer Schwanz klopft auf den Tisch. Doch sie bleibt liegen und wirkt dabei sehr arrogant.

Sam kommt angerannt. Er ist sehr sensibel und kann es nicht haben, wenn Konflikte herrschen. Er grunzt und wedelt, er drängt sich gegen Janas Bein und hechelt nervös. Jana krault ihn und beruhigt ihn damit. Dann muss sie Alba vom Sofa schieben. Aber die Hündin sträubt sich, will sich festkrallen und macht sich steif. Doch hier geht es ums Prinzip. Viele andere Pflegeeltern haben Jana geschrieben: »Und vergiss nicht dich durchzusetzen. Wir haben so viel Mitleid mit diesen armen Kreaturen, dass wir ihnen alles durchgehen lassen und sie zu sehr verwöhnen. Aber dann tanzen die Galgos uns auf der Nase

herum. Sie sind schlau, sie testen ihre Grenzen aus, und du musst gerecht, aber streng sein, vor allem jedoch konsequent. Jetzt ist die Galga in Sicherheit, jetzt geht es ihr gut, da muss sie auch akzeptieren, dass sie nicht alles darf. Lass ihr nicht aus Mitleid zu viel durchgehen, verwöhne sie nicht zu sehr, sonst wickelt sie dich ein und wird ein kleiner Tyrann!«

Daran muss Jana nun denken. Sie schiebt Alba vom Sofa und redet streng mit ihr. Alba rast zu ihrem Hundeplatz und scheint beleidigt zu sein. Sie würdigt Jana keines Blickes und ist eingeschnappt, weil sie ihren Willen nicht bekommen hat. Das ist hart für Jana, das tut ihr weh, aber sie muss stark und konsequent bleiben.

Sie tröstet Sam, der ganz verzweifelt ist. Er hat das Schimpfen auf sich bezogen. Dann legt Jana sich wieder zu Bett. Aber eine Stunde später wird sie erneut durch Getöse geweckt. Wieder ist Alba über den Tisch auf das Sofa gestiegen. Wieder liegt sie dort wie eine Diva und ignoriert Jana. Als diese schimpft, wedelt sie nur und räkelt sich. Alba versucht damit, sich in der Rangordnung nach oben zu mogeln. Auch dieses Mal schiebt Jana sie vom Sofa, der Hund sträubt sich und trabt beleidigt zu seiner Decke. Dass Alba sich so aufsässig verhält, trifft Jana sehr. Sam weicht nicht von ihrer Seite, er ist gestresst. Nur Martin schläft friedlich. Jana ist todmüde.

Auch am nächsten Morgen liegt Alba wieder, wo sie nicht liegen soll. Sie hat es sich auf dem Tisch bequem gemacht. Martin schimpft, aber Alba bleibt liegen, wedelt und gähnt. Martin schiebt sie hinunter und sie rennt beleidigt zu ihrem Platz. »Da müssen wir aber aufpassen und hartnäckig bleiben!«, sagt Martin. »Sie hat doch in drei Zimmern Hundepolster und weiche Decken und sie hat einen Korb. Da muss sie wirklich nicht auf dem Tisch oder auf dem Sofa liegen.« Windhunde liegen gerne erhöht, das hat Jana vom Verein erfahren. Und so hat Alba schließlich ein weiches, hohes Polster spendiert bekommen. Auch ihr Korb steht erhöht und ist weich ausgepolstert.

Die meisten Galgos scheinen eine Phase durchzumachen, in der sie zickig und trotzig werden und massiv ihre Grenzen austesten. Das hat Jana von den Leuten aus dem Verein erfahren, die seit Jahren Windhunde aus Spanien retten und aufnehmen. Und alle raten, man solle keinesfalls nachgeben, man müsse den Hunden freundlich, aber

bestimmt klar machen, wer der Alphahund im Rudel ist, der die Grenzen setzt. Das ist gar nicht leicht, denn Alba erweckt großes Mitgefühl. Auch Jana und Martin haben große Hemmungen, mit ihr zu schimpfen oder ihr etwas zu verwehren. Aber es muss sein. So bekommt Alba von Martin Küchenverbot, weil sie auf die Spüle klettern wollte, den Schrank ausgeräumt und alle Verpackungen aufgerissen hat. Auch den Müllsack hat sie wieder erwischt und einige Dinge auf ihren Platz getragen. Jana nimmt sie ihr ab, fegt die Küche und Alba duckt sich schlotternd. Sie zuckt mit den Augen und erwartet wie immer Schläge. Besen, Rechen und auch Regenschirme sind für Alba wahre Folterinstrumente. Sie scheint zu glauben, diese Dinge seien nur dazu da, arme Galgos zu verprügeln und zu quälen. Sie flüchtet panisch, stößt dabei ängstliche Laute aus und duckt sich zitternd zu Boden. Ganz langsam übt Jana mit ihr, dass die Besen und Rechen hier nur zur Arbeit gebraucht werden und dass damit kein Hund geprügelt wird.

Die Fütterung der Hunde nimmt allmählich positive Formen an. Sam, der immer ein mäkeliger Fresser war, frisst nun auch wieder mehr. Er hat beobachtet, wie viel Alba verschlingen kann. Beide Hunde wechseln oft die Näpfe. Jeder befürchtet, der andere könne etwas Besseres bekommen. Beide bleiben absolut friedlich dabei. Sie drängeln und schieben sich zwar gegenseitig weg, aber keiner knurrt oder schnappt. »Sie werden sich mit der Zeit aneinander gewöhnen!«, sagt Martin zu seiner Freundin.

Einige Futtersorten verträgt Alba nicht, davon bekommt sie entsetzlichen Durchfall. Das Futter soll einen niedrigen Proteingehalt haben, darüber ist Jana vom Verein informiert worden. Das Sonnenblumenöl, welches wegen der Linolsäure gut für Fell und Haut ist und was Sam sehr gut verträgt, löst bei Alba Störungen im Darm aus. Aber dennoch hat sie inzwischen ein glänzendes, wunderschönes Fell bekommen. Zu Beginn war es stumpf und matt. Ihre Verdauung muss sich erst langsam umstellen, denn in Spanien werden die Hunde aus Geldnot meist nur mit Weißbrot und Zuckerwasser ernährt.

Bisher ist Alba wunderbar alleine geblieben. Jana ist begeistert. Es war harte Arbeit, dem Chow-Mischling das Alleinbleiben beizubrin-

gen. Oft müssen ihre Hunde nicht allein sein. Jana und Martin studieren, sind aber nur selten an der Uni und nicht gleichzeitig. So können sie ihren Hunden nahezu eine Rundum-Betreuung bieten. »Wie gut, dass wir unsere Diplom-Arbeiten zu Hause schreiben, dadurch sind wir eigentlich immer da!« Jana weiß, dass es viele Pflegeeltern gibt, die täglich arbeiten gehen. Da müssen die Windhunde alleine bleiben und sich damit abfinden.

Eines Tages will Jana kurz den Mülleimer ausleeren. Plötzlich hört sie ein schrilles Fiepen. Es klingt wie eine Alarmanlage. Dann steigert sich das Geräusch zu einem Sirren und geht über in ein klagendes Geschrei. Solche Töne hat Jana nie zuvor von einem Hund gehört. Auch Sam hat ihr zu Beginn hinterhergerufen, doch Albas Töne gehen durch Mark und Bein. Sie schreit in Todesangst. »Das ist ja klar!«, meint Martin. »Jetzt geht es ihr gut, sie hat zum ersten Mal feste Bezugspersonen und nun wahnsinnige Angst, uns zu verlieren. Vor allem aber dich, denn du bist ja immer da. Je mehr sie dich liebt und an dir hängt, desto größer wird ihre Panik. Aber wir müssen mit ihr üben. Wenigstens eine Stunde muss sie alleine aushalten können. Außerdem hat sie ja Sam, sie ist gar nicht alleine!« Leider tröstet Sams Anwesenheit die Hündin überhaupt nicht. Im Gegenteil. Albas Sirren und Schreien macht den Rüden ebenfalls nervös. Ihre Panik steckt an, und so kratzt er an der Tür und kläfft herrisch.

Jana und Martin üben mit Alba das Alleinsein. Das ist keine leichte Aufgabe. Sie gehen in den Garten, aber nach wenigen Minuten schreit Alba klagend und laut. Sam kläfft, und man hört ein bedenkliches Krachen aus dem Haus. Alba hat in Panik damit begonnen, den PVC-Boden abzuheben. Außerdem hat sie aus Angst die Teppiche durchs Wohnzimmer geschleudert und eine Gardine heruntergerissen. Sam kläfft unaufhörlich. Er findet es empörend, mit dieser hysterischen Hündin allein bleiben zu müssen. Jana sitzt weinend in der Wohnung. »Wenn jetzt beide sich so aufführen, was machen wir dann? Das ist ja schrecklich!« Jana ist wirklich verzweifelt und fühlt sich hilflos. Sie hat Angst, dass nun auch Sam keine Minute mehr allein bleiben wird. Martin ist ebenfalls besorgt und weiß keinen Rat.

Als die beiden das wieder Haus betreten, stürmen die Hunde ihnen entgegen. Alba wedelt mit dem langen Schwanz und sieht damit

aus, als ob ein Propeller sich im Kreis drehen würde. Wenn sie sich so sehr freut, kann sie rund wedeln. Sie fiept und springt an Jana hoch und will ihr das Gesicht lecken. Sam hüpft in die Luft und winselt. Beide Hunde sind vollkommen außer sich. Es ist rührend und ergreifend, aber Jana und Martin wissen, dass sie nun keinen Fehler machen dürfen. Alba muss lernen, dass es etwas ganz Normales ist, für eine kurze Zeit alleine zu bleiben. Das Wiedersehen darf also nicht allzu überschwänglich sein. Jana hält sich zurück und vermeidet es, die Hunde ebenfalls stürmisch zu begrüßen und zu trösten. Damit würde sie das Problem nur verschlimmern. Die Hunde prägen sich das Erlebnis ein und bleiben anschließend noch weniger gern alleine.

»Es ist schön, wie Alba sich freut. Sie liebt uns schon so sehr, wir können sie unmöglich weggeben. Das wäre Verrat!« Jana kann sich ein Leben ohne Alba nicht mehr vorstellen. »Lass uns noch ein wenig den Alltag testen, bevor wir uns festlegen«, rät Martin, der das Ganze sachlicher betrachtet, obwohl auch er Alba behalten möchte.

Und noch einmal wird Janas Geduld auf eine harte Probe gestellt. Martin und Jana müssen Lebensmittel einkaufen. Jana eilt hektisch durch den Supermarkt. Sie denkt nur an die Hunde. In der Abteilung für Tiernahrung packt sie besonders viel in den Wagen. Jana drängelt ihren Freund beim Einkauf. Sie will so schnell wie möglich zurück. Als sie die Haustür öffnet, hört sie ein schrilles Geräusch. Alba stößt Töne aus, die man kaum beschreiben kann. Sam kläfft dazu völlig entnervt. Alba trampelt und wirft die Vorderbeine wild in die Luft. Sie jault und zittert. Sie springt an Jana hoch und trifft sie versehentlich mit ihrer Krallenpfote ins Gesicht. Die Krallen hinterlassen Kratzer, aber das ist Jana jetzt egal. Dann entdeckt Martin den zerfetzten Teppich, den ausgeräumten Schrank und den erneut abgerissenen PVC-Belag. Außerdem hat Alba uriniert und den Inhalt des Mülleimers im Haus verteilt. Martin und Jana sind nicht böse, aber sie wissen nicht, was sie noch tun sollen. Ablenken ist die beste Methode, denken sie sich. Also gehen sie erst einmal mit den Hunden in den Garten.

»Das wird noch ein hartes Stück Arbeit, bis Alba alleine bleibt!«, mutmaßt Martin, und Jana kann nur stumm nicken. Sie macht sich große Sorgen.

Eines Tages rennt Alba zum ersten Mal durch den Garten. Mit Sam spielen will sie aber nicht, und er ebenso wenig mit ihr. Sie läuft zu Jana und fordert sie zum Spiel auf. Es ist ein herrlicher und ergreifender Anblick. Selbst Martin hat Tränen in den Augen. Alba sieht aus wie ein Pferd, und sie schnaubt auch so. Seitdem hat sie ihren Kosenamen »Pferdchen«.

Als Alba wieder einmal mit Jana durch den Garten rennt und dabei in ihrer gewohnten Art wie ein Pferd schnaubt, beginnt auch Sam plötzlich zu rennen. Er will ebenfalls mit Jana spielen. Beide Hunde sausen jetzt um sie herum. Versehentlich rempelt Sam Alba an, er kann nicht mehr bremsen. So spielt er immer mit den beiden Eurasiern von Sandra, aber Alba erschrickt nur fürchterlich und flüchtet zitternd. Die beiden Hunde sind einfach zu verschieden. Sam dreht keuchend seine Runden, rempelt und schubst jeden zur Seite, fällt dann um und röchelt. Er ist schnell erschöpft. Ein sportlicher Hund ist er nicht. Mit seinem dicken Pelz macht es ihm auch nichts aus, wenn er irgendwo anstößt. Aber Alba hat nur ihr dünnes Fell. Sie wirbelt ihre langen Beine durch die Luft und muss abbremsen, um nicht gegen die Gartenmauer zu fliegen. Alba ist unglaublich schnell und elegant beim Laufen. Sie rempelt niemanden an und sie spielt nicht so grob und unsanft wie Sam. Immerhin jedoch haben die beiden unterschiedlichen Hunde sich beschnuppert und Sam hat sich zum ersten Mal freiwillig in Albas Nähe gelegt. Jana und Martin freuen sich sehr. Die große Hunde-Freundschaft wird es vielleicht nicht werden, aber langsam beginnen die beiden sich wenigstens einander anzunähern. Offenbar finden sie sich mit der Anwesenheit des anderen ab. Jana hatte zwar gehofft, die beiden Hunde würden gemeinsam rennen und spielen. Doch diese Hoffnung hat sich bisher nicht erfüllt.

Alba taut von Tag zu Tag mehr auf. Aber die Hündin scheint Jana mehr zu lieben als Martin, schon beim Klang ihrer Stimme wedelt sie wild und streckt ihr zum Schmusen die lange Schnauze entgegen. Selbst zur Toilette will die Hündin ihr Frauchen begleiten und jault und trampelt vor der Tür. Jana ist darüber nicht nur erfreut. In diesen Momenten macht sie sich eher besonders große Sorgen, ob sie und Martin Alba auf Dauer behalten können. Sie ist ja schließlich immer noch ihr Pflegehund.

Die zunehmende Fröhlichkeit von Alba ist nicht zu übersehen. Sie macht schon kleine Späße, reißt dabei das Maul auf und prustet mit den Lefzen. Das sieht so drollig aus, dass Jana und Martin Tränen lachen vor Begeisterung. Alba rollt sich auf ihrem Hundebett und wirft die Decke in die Luft. Sie kringelt sich winzig klein zusammen, stellt die Ohren steil auf und seufzt dabei wohlig.

Und Alba entpuppt sich als Schmusehund. Stundenlang soll Jana neben ihr sitzen und sie kraulen. Hört sie auf, kratzt die Hündin mit der Pfote. Reicht das nicht, nimmt sie auch die andere Vorderpfote dazu. Inzwischen lässt die Galga sich an allen Pfoten streicheln und erwartet nichts Böses mehr dabei, zumindest nicht von Jana und Martin. Natürlich will auch Sam oft gekrault werden, aber solch einen verschmusten, liebebedürftigen Hund wie Alba hat Jana noch nie erlebt. Liebevoll nennen sie Alba ihr »Knutschpferd«, und wirklich: Jana tut bereits der rechte Arm weh, weil sie den Hund exzessiv gekrault und geknuddelt hat. Alba findet kein Ende, sie will nichts als schmusen.

Diese Leidenschaft hat sogar ihre Fressgier übertroffen. Inzwischen weiß Alba, dass sie hier nicht verhungern muss, und sie fängt an, sich wie eine mäkelige Prinzessin zu verhalten. Hat sie früher alles gefressen, so sortiert sie nun aus und wird enorm wählerisch. Sie kaut an jedem Brocken und spuckt ihn dann angewidert aus. So gut Jana das Futter auch mischt, Alba gelingt es immer, nur die besten Stücke herauszusuchen. Aber weder Jana noch Martin bringen es übers Herz, sie dafür zu rügen. Sie sind froh über Albas Entwicklung. Schließlich hat die Hündin sich wochen- oder gar monatelang aus Mülltonnen ernährt. Sie musste schnappen, was sie finden konnte, und sich selbst versorgen, um nicht zu verhungern. Dieser Überlebenstrieb steckt in ihr, und nun weiß sie endlich, dass sie gut versorgt wird und der Mangel ein Ende hat. Aber sie setzt schneller Fett an als Sam.

»Ist doch egal«, sagt Martin. »Solange sie nicht so dick wird, dass es ihr schadet, macht das nichts. Sie war jahrelang ein verhungertes Skelett, da kann sie jetzt ruhig ein kleines Bäuchlein haben.« Wirklich dick ist sie ja auch nicht, doch sie hat zugenommen hat und sieht inzwischen beinahe gesund aus. Die Verdauung hat sich normalisiert; ihr Körper hat sich auf das andere Futter umgestellt und verträgt es.

Ihre Wunden sind gut verheilt. Das rasierte Fell an der Kastrationsnaht wächst jedoch nur langsam nach, und Alba hat einige Narben am Körper, über die nie wieder schützendes Fell wachsen wird. Das sind die tiefen Spuren, die wohl ein Rechen oder eine Hacke in Albas Flanke gehauen hat. An ihrer Kruppe hat sie eine gewaltige Narbe, die offensichtlich von einem Hundebiss herrührt. Und auch an den Beinen, über den Augen und am langen Schwanz sitzen Narben, die immer an Albas schreckliches Vorleben erinnern werden.

Alba und Sam verhalten sich weiterhin so, als gäbe es zwischen ihnen keine feste Rangordnung. Normalerweise ist Sam dominant, er hat auch bei den Eurasiern von Sandra das Sagen, aber Albas Anwesenheit verunsichert ihn. Die Hündin nimmt sich viel raus. Sie drängt ihn ständig zur Seite und trampelt über ihn her, als sei er nicht da. Sie schiebt ihn weg wie einen lästigen Gegenstand. Sam weicht aus und wedelt manchmal schon gar nicht mehr. Doch als Jana kurz vor dem Verzweifeln ist, wendet sich das Blatt. Alba hört plötzlich mit ihrem zickigen Verhalten auf. Sie geht auch nicht mehr auf das Sofa oder Bett, hat die Verbote respektiert und Jana und Martin als ranghöher anerkannt. Jana fällt ein riesiger Stein vom Herzen, und auch Martin freut sich sehr. Sie haben das Machtspiel gewonnen.

Zum ersten Mal versucht nun auch Sam von sich aus, mit Alba zu spielen. Er rempelt sie grunzend an, wie er es mit den Eurasiern tut. Er springt vor der irritierten Galga auf und ab und fordert sie auf seine Art zum Spiel. Und obwohl Alba immer noch ein wenig verunsichert ist und eigentlich auch ganz anders spielt, fügt sie sich schließlich in das Spiel ein und macht mit. Sie saust einige Runden durch den Garten und haut dann beide Vorderbeine auf Sams Rücken. Das wiederum verstört den Chow-Mischling. Letztendlich scheitert das Spiel der beiden immer wieder daran, dass sie zu unterschiedlich sind und sich missverstehen. Aber Jana und Martin freuen sich über jeden Versuch der Hunde, miteinander auszukommen und sich aneinander zu gewöhnen.

Alba hat sich prächtig entwickelt. Sie ist nicht mehr dürr, ihr Fell glänzt, und sie wird täglich selbstbewusster. Sie trägt die lange Rute

hoch erhoben und stellt oder kippt die Ohren aufmerksam; sie geht friedlich an fremden Leuten vorbei und weicht nicht mehr zitternd zurück. Auch ihr Jagdtrieb zeigt sich deutlicher. Sie will jede Ente, jede Taube und jede Amsel fangen. Ebenso kleine Vögel, die über ihren Kopf fliegen. Sie sieht dabei zu drollig aus. Wenn ein Feldhase über den Weg hoppelt, gerät Alba in helle Aufregung. Sie stellt die Ohren, zerrt an der Leine und will sofort hinterher. Jana und Martin wagen es nicht, Alba von der Leine zu lassen. Auch im Garten gehorcht sie schlecht. Sie setzt sich dicht neben Sam und wedelt, als wolle sie sagen: »Er hört ja auch nicht, und wenn er nicht gehorcht, tue ich es ebenfalls nicht!« Beinahe trotzig wirkt sie dabei.

»Ich weiß nicht, ob wir es versuchen sollen!«, sagt Jana zu Martin. »Sie hängt so an uns, sie hat solche Angst, uns zu verlieren. Da käme sie sicher zurück. Aber ihr Jagdtrieb ist vielleicht zu groß. Ich glaube, wenn sie Wild sieht, muss sie einfach hinterher. Und sie ist so schnell. Wenn sie dann erschossen oder überfahren wird, würde ich mir immer Vorwürfe machen. Das Risiko ist mir einfach zu groß!« Auch Martin denkt so. Und immerhin kann Alba im Garten rennen und toben.

Vor fremden Hunden fürchtet Alba sich jetzt nicht mehr. Sie will genauso stürmisch spielen wie Sam. Besonders bei den kleinen Hunderassen verfällt Alba in wahre Begeisterung. Sie springt in die Luft, wirft die langen Vorderbeine in die Höhe, schnaubt und freut sich unbändig. Die Hunde ergreifen meist die Flucht, denn die friedliche Alba ist ihnen zu wild. Viele Hundehalter halten die spanische Galga für einen Dobermann und deuten ihre lustigen Spielversuche falsch. »Jetzt haben wir unsere Ruhe«, lacht Martin. Seit er und Jana zwei Hunde haben, weichen ihnen viele Leute aus und die vier können in Ruhe wandern. Zwei Hunde sind den meisten nicht geheuer, obwohl Sam und Alba friedfertig und gutmütig sind. In dieser Hinsicht ähneln sich die beiden sehr: Sie freuen sich über jedes Treffen mit anderen Hunden und wollen mit ihren Artgenossen spielen. Dabei wedeln sie, hüpfen und stoßen fröhliche Laute aus. Mit zwei Sibirischen Huskys spielen Alba und Sam ganz besonders gern, obgleich alle vier Hunde an der Leine bleiben müssen.

Die Holztreppe, die ins obere Stockwerk führt, bereitet Alba Probleme. Zu Beginn ist sie zweimal einige Stufen hinabgefallen. Jana muss neben ihr gehen und sie am Brustgeschirr halten, doch Alba springt los, reißt Jana mit sich, so dass beide stürzen. Jana muss die Hündin loslassen, um nicht auf sie zu fallen. Alba schlittert die Stufen hinunter und ist verdutzt. Jedesmal verliert sie die Kontrolle über ihre langen Beine und rutscht ab. Ihre Pfoten finden auf dem glatten Holz wenig Halt. Alba möchte die Treppe am liebsten nicht mehr betreten. Sie steht da, drückt sich an die Wand und zittert. Die Stufen sind ihr nicht geheuer. Doch mit viel Geduld und gutem Zureden nimmt sie auch diese »Hürde«. Schließlich rennt sie die Treppe wild hinauf und macht dabei Geräusche wie ein trampelnder Elefant.

Alba ist unglaublich schnell. Wenn sie durch die Zimmer tollt und dabei mit dem langen Schwanz stürmisch wedelt, räumt sie die Regale ab oder schlittert mit dem Teppich durchs Wohnzimmer. Sie wird immer ausgelassener, rennt von Jana zu Martin und springt dabei elegant über den verdutzten Sam. Und der gibt Gas. Sam kann es nicht leiden, dass Alba vor ihm am Ziel ist. Der Rüde hat zu seiner alten Form zurückgefunden, denn inzwischen ist die Rangfolge geklärt. Sam ist der Rudelführer und Alba fügt sich. Beim Fressen eilt Sam zwischen den Näpfen hin und her. Er kontrolliert die Futterschüssel der spanischen Hündin und drängt sie zur Seite, wenn ihm danach ist. Alba gibt nach. Sam geht auch stets vor ihr durch die Tür, notfalls rempelt er sie weg. Er ist der Chef, und Jana ist erleichtert, dass Sam sich wieder so verhält wie früher: dominant, aber freundlich und friedfertig. Es gibt keinerlei Aggressionen zwischen den beiden. Sam knurrt nicht und schnappt nicht, er ist verträglich und krümmt der Hündin kein Haar. Er weist sie nicht einmal offen zurecht, aber er kann sich durchsetzen. Seine Art überzeugt. Auch Alba.

Jana ist glücklich mit den beiden Hunden. Sie hat sich schließlich immer gewünscht, mehr als nur einen Hund zu haben. Als Kind ist sie mit Hunden groß geworden, und einige Jahre waren es sogar drei gleichzeitig, die ihr Leben begleiteten. Das war eine schöne Zeit.

Alba fürchtet niemanden mehr als den zehnjährigen Nachbarsjungen Tom. Der Junge ist manchmal bei Jana und Martin zu Besuch, die auf

ihn aufpassen, wenn seine Mutter dringende Termine hat. Tom ist nicht böse, aber ihm fehlt die Sensibilität für Tiere. Er ist ein lautes, hektisches und burschikoses Kind, und Alba hat Angst vor ihm. Sie traut ihm nicht über den Weg.

Sobald Tom da ist, rast Sam ihm fröhlich entgegen und rempelt ihn kumpelhaft an. Sam und Tom balgen zusammen, und sie vertragen sich wunderbar. Schon als Welpe hat Sam sehr ruppig mit dem ebenfalls rabiaten Jungen gespielt. Dabei jagten beide sich kreischend durch den Garten und stürzten dabei oftmals. Sam hat Tom Löcher in sämtliche Kleidungsstücke gebissen, wenn er mit seinen spitzen Welpenzähnchen frohgemut Tauziehen spielte. Und Tom hat vor Vergnügen gekreischt und dem Welpen beim Festhalten büschelweise den Pelz ausgerissen. Oft waren die beiden Racker so aufgedreht, dass Jana sie bremsen musste.

Alba hat jahrelang nur schlechte Erfahrung mit Kindern gemacht. In Spanien werden viele der streunenden Galgos von Kindern gesteinigt, und Alba kann sich nur zu gut erinnern, wie sie gequält und misshandelt wurde. Das hat Jana Tom immer wieder erklärt, und er hat ernsthaft zugehört und genickt, aber wirklich verstehen kann der Junge das anscheinend kaum. Er rennt auf Alba zu, will ebenso mit ihr balgen wie mit Sam. Alba springt panisch auf, rennt hinter das Sofa und duckt sich zitternd. Vor lauter Furcht pinkelt sie wieder, und Jana muss den Jungen am Arm packen und ihn zurechtweisen. Sie erklärt ihm erneut, was Alba in Spanien erlebt hat, und Tom wirkt zerknirscht. Es tut ihm leid, er hat Alba nicht in Angst und Schrecken versetzen wollen, aber er kann einfach nicht leise und geduldig reagieren. Schließlich balgt er mit Sam im Garten, und Jana muss Alba trösten, bis diese sich zitternd wieder hinter dem Sofa hervortraut.

Am nächsten Tag kommt Tom wieder. Er interessiert sich sehr für den neuen Hund. Aber als er nur den Flur betritt, springt Alba auf und beginnt laut zu bellen. Das ist jetzt ihr Revier, sie hat sich eingelebt, fühlt sich wohl, und nun meldet sie den ungebetenen Eindringling. Sie knurrt sogar, aus Angst, und dann ergreift sie erneut die Flucht. Tom ist enttäuscht, und Jana schickt ihn nach Hause. Alba traut dem lauten Kind noch immer nicht, Tom tritt ihr zu forsch auf. Von Kindern, die sanfter und leiser sind, die sich ihr langsam nähern

und Geduld haben, lässt Alba sich streicheln. Zwar senkt sie dabei den Kopf, klemmt den Schwanz ein und schluckt, aber es passiert weiter nichts. Jana will Alba ganz behutsam beibringen, dass nicht alle Kinder brutale Tierquäler sind. Aber das braucht Zeit, und der laute Tom ist nicht das richtige Kind für diese schwere Aufgabe.

Der Staubsauger, den auch der mutige Sam nicht leiden kann, stellt für Alba auch immer wieder eine Quelle der Angst dar. Einmal will sie in Panik sogar aus dem ebenerdigen Fenster flüchten, doch zum Glück ist Jana schneller. Sie schließt sofort das Fenster und beruhigt die Hündin. Doch selbst, wenn Alba mit Martin in einem anderen Raum ist, kann sie das Geräusch des Staubsaugers nicht ertragen. Schließlich muss Martin mit ihr in den Garten gehen, damit Jana in Ruhe den Teppich absaugen kann. Als Jana Albas Hundeplatz zum ersten Mal säuberte, geriet die Hündin dazu noch in große Sorge. Sie lief verzweifelt hinter Jana her und suchte ihr Polster und ihre Decken. Die Hündin schien sich plötzlich heimatlos zu fühlen, ihrer sicheren Zuflucht beraubt. Erst als der Platz wiederhergerichtet war, beruhigte Alba sich. Sie sprang auf ihr Polster, scharrte wild darauf herum, rollte sich dann zusammen und seufzte laut und wohlig.

 Sam weicht dem Staubsauger aus und beäugt ihn misstrauisch, aber er hat längst nicht so viel Angst wie Alba. Sobald der Staubsauger abgeschaltet ist, beriecht Sam ihn. Doch Alba macht einen riesigen Bogen um den Gegenstand und betrachtet ihn als ihren Todesfeind, auch wenn er nicht in Betrieb ist. Dabei ist der Staubsauger ein äußerst notwendiges Gerät, wenn man Hunde hat. Alba haart nicht weniger als Sam. Während der Chow-Mischling büschelweise Fell verliert, kleben Albas kurze, borstige Haare überall. Da sie so groß ist und sich oft schüttelt, finden sich die feinen Härchen auch auf sämtlichen Tischen. Die Futterecke der beiden Hunde ist ebenfalls sehr reinigungsintensiv. Sam sabbert gern beim Fressen, und beim Trinken schlabbert er einiges daneben.

 Eines Tages entdeckt Jana, dass Albas Haut schrecklich schuppt. Jana erkundigt sich bei anderen Galgo-Eltern und bekommt zur Antwort, dies sei völlig normal, es handle sich um sogenannte Stress-Schuppen. Die Hunde müssen sich erst an die veränderte Wetterlage

in Deutschland gewöhnen und Galgos reagieren besonders sensibel. Je mehr Jana versucht, die Schuppen herauszukämmen, desto stärker bilden sie sich nach.

Es kommt immer wieder vor, dass Alba unter schrecklichen Alpträumen leidet. Sie zuckt und zittert, rennt förmlich im Schlaf mit den Pfoten, flattert mit den Augenlidern und stößt wimmernde Laute aus. Sie scheint von ihrer grausamen Vergangenheit in Spanien zu träumen, und Jana muss sie aufwecken. Aber Alba ist in solchen Situationen nicht leicht zu wecken. Erst wenn Jana sie laut ruft und vorsichtig in die Hände klatscht, reckt Alba den Kopf. Sie hat eine rötliche Nickhaut, die sie über die Pupille schiebt, und damit wirkt die Hündin fast gespenstisch. Hat Jana sie geweckt, schiebt sich diese Haut zurück und Alba schaut verschlafen aus wunderschönen, braunen Hundeaugen, streckt sich und seufzt zufrieden. Sie ist froh, dass sie wieder in der Realität ist, die ihr Sicherheit und Liebe bietet.

Jana kennt viele sympathische Spanier; Martin ist mit einer spanischen Familie befreundet, und auch für diese ist es unglaublich, was in einigen Regionen ihres Landes mit den Windhunden passiert. Gerade die äußerst liebenswerte und friedliche Art der Galgos scheint Menschen zu Grausamkeit und Brutalität zu reizen. Jana und Martin können sich so etwas nicht erklären. Sie sind immer wieder schockiert von den Bildern und Berichten im Internet. Martins spanische Bekannte fühlen sich sehr betroffen. Sie haben selbst zwei Hunde, mit denen sie ausgesprochen liebevoll und verantwortungsbewusst umgehen. Dennoch müssen es viele Menschen sein, die Galgos quälen und misshandeln, denn immer neue Hunde stehen auf den Webseiten, immer mehr geschundene Galgos suchen Pflegestellen, um vor dem sicheren Tod gerettet werden zu können.

Eines Tages schaut Jana wieder ins Internet und erschrickt fürchterlich: Es gibt die ersten Interessenten für Alba. Für ihre Alba, die sie so sehr ins Herz geschlossen hat. Sie eilt zu Martin, und auch dieser macht ein erschrockenes Gesicht. Jetzt müssen sie sich entscheiden. »Alba ist mein Hund! Ich gebe sie nie mehr her!«, ist Janas erster Gedanke, als sie die Anfrage liest. Und so ähnlich empfindet auch ihr

Freund. Die beiden setzen sich mit den Hunden in den Garten und beratschlagen. Dann schreibt Jana zwei elektronische Nachrichten: eine an den Verein, der Alba gerettet hat, und eine an die Interessentin. Sie teilt mit, dass sie Alba behalten will. Damit hat Alba ein Zuhause gefunden, sie ist jetzt adoptiert. Jana fällt ein Stein vom Herzen. Die Entscheidung steht endlich fest. Unverrückbar. Es wird eine Hundehaftpflichtversicherung für Alba abgeschlossen und sie wird beim Amt für die Hundesteuer angemeldet.

Janas Freunden ist es immer klar gewesen, dass Jana einen Hund, den sie einmal bei sich aufgenommen hat, nicht mehr hergeben kann und will. Auch die meisten Spaziergänger, denen sie zufällig begegnet, reagieren verständnisvoll und mitfühlend auf Janas Bericht. Nur ein entfernter Bekannter von Martin verhält sich so unsensibel, dass Jana ihn seit der Zeit nahezu verabscheut, und auch Martin geht auf Distanz zu diesem Mann.

Das Paar macht oft Ausflüge mit den beiden Hunden. Ihr Auto riecht inzwischen stark. Wenn Sam und Alba mit nassem Fell in den Wagen steigen, setzt der Geruch sich in den Polstern fest, und im Sommer sabbert der Rüde dazu noch gewaltig. Aber Jana und Martin stört das nicht. Sie lieben ihre Hunde; ein wenig Unordnung und Hundehaare – das kann sie nicht erschrecken. Das Auto ist für sie ein Gebrauchsgegenstand. Martins Bekannter beklagt sich und spottet: »Jetzt habt ihr also zwei von diesen Tieren! Sogar am Sofa kleben Hundehaare! Stört dich das denn nicht, Martin? Du hattest früher nie Hunde. Das machst du doch alles nur Jana zuliebe! Hier liegt ein Hundekeks, da ein Kauknochen. Und überall riecht es stark nach Hund. Ich finde es unhygienisch, Hunde im Haus zu halten!«

Jana ärgert sich sehr, und schließlich kann sie sich nicht mehr zurückhalten. Sie will es auch gar nicht, denn der Bekannte fährt fort: »Und warum habt ihr denn so einen Hund aus Spanien holen lassen? Es sitzen genug Hunde in deutschen Tierheimen. So ein Theater um einen Hund, das ist doch völlig übertrieben! Es gibt auch unzählige leidende Kinder auf der Welt. Man sollte lieber Menschen retten! Das hier sind doch nur Tiere!«

»Ach so!«, sagt Jana leise, aber sehr eindringlich. »Und was tust du? Dann rette du doch einen Hund aus einem deutschen Tierheim.

Wir haben immerhin zwei Tierschutzhunde. Du hast gar keinen! Du engagierst dich überhaupt nicht. Hast du eine Patenschaft für ein Kind in der Dritten Welt? Nein? Warum denn nicht? Und diese Hunde sind durch brutale Menschen in ihre Notlage gekommen, die Tiere sind völlig hilflos und unschuldig! Also muss es auch Menschen geben, die diese Tiere retten!« Dann fügt sie laut hinzu: »Und wenn es dir bei uns nicht gefällt, wenn dich Sam und Alba so stören, dann kannst du ja gehen!« Martin grinst, denn auch er ärgert sich immer mehr über das dumme Gerede des Bekannten.

Martin gehört ein Grundstück am Waldrand. Dorthin fahren er und Jana oft. Alba kann rennen, Sam sich schnaufend in den Schatten legen. Der Zaun ist hoch genug und fest im Boden verankert. Sam kann ihn nicht umrempeln, Alba ihn nicht überspringen. Hier treffen die vier sich oft mit Leuten, die selbst Galgos adoptiert haben. Die Begegnung der Hunde verhält sich genauso, wie viele Galgo-Pflegeeltern es vorausgesagt haben: Windhunde erkennen und verstehen sich untereinander meist sehr gut, aber oftmals kommen sie mit anderen Rassen schlechter zurecht und grenzen sie eher aus.

Galgos treffen einen Chow-Chow.

Als das Tor geöffnet wird, laufen vier Galgas in den Garten zu Sam und Alba. Obwohl Hündinnen sich manchmal untereinander nicht so gut vertragen, wird Alba sofort akzeptiert. Alba darf alles. Aber Sam wird deutlich verwarnt. Er hüpft in seiner ungestümen Art heran, will die Galgas beriechen und zum Spiel auffordern, aber eine Hündin fletscht die Zähne und grollt, die anderen stimmen mit ein. Sie können Sam nicht leiden. Der pelzige, grunzende Rüde erscheint ihnen fremd und bedrohlich. Jana und Martin fühlen sich wohl und unterhalten sich angeregt mit den Galgo-Besitzern, Alba ist schüchtern und hält sich dicht bei Jana, lässt sich aber auch von den anderen Leuten kraulen. Nur Sam fühlt sich unwohl. Er ist völlig irritiert, zerrt dauernd zum Tor und winselt, er möchte raus. Das bleibt auch so während des gesamten Aufenthalts. Jana krault ihn, und schließlich schnarcht auch Sam zu ihren Füßen, was die Galgas wiederum veranlasst, ihn noch misstrauischer zu beäugen.

Jana ist zufrieden, zwei so gutartige und verträgliche Hunde zu haben. Auch in dem kleinen Auto einer Freundin können Alba und Sam sich inzwischen die Rückbank teilen. Am Anfang kam es zu kleinen Rangeleien, denn jeder Hund beanspruchte den Platz für sich und einmal jaulte Alba kläglich, weil Sam hin und her wanderte; ein anderes Mal keifte der Rüde, weil Alba ihm die Pfote auf den Kopf gehauen hatte. Doch nun gibt es keine Probleme mehr. Jeder bleibt auf seiner Seite und hält Ruhe.

Jana kennt viele Hunde, die man auf so enger Rückbank nicht nebeneinander setzen könnte. Es käme sicher zu Keilereien. In ihrem Kombi ist alles absolut problemlos, doch wenn Martin den Wagen braucht, ist Jana froh, dass ihre beste Freundin ein Auto und nichts gegen Hundehaare und -geruch darin einzuwenden hat.

Als sie bei den Eltern der Freundin, die einen Bauernhof haben, zu Besuch sind, wollen sie auf der Terrasse zu Mittag essen. Rundherum sind Felder und Weiden mit Kühen. Es ist sehr idyllisch und herrlich zum Wandern. Die beiden Hunde werden ganz kurz auf der Veranda angebunden. Als Jana das Geschirr herausträgt, ist Alba verschwunden. Jana ist erschüttert, als sie nur noch das leere Brustgeschirr sieht, zusammen mit der Hundemarke, dem Anhänger mit der Telefonnummer und der Erkennungsmarke des Haustierregisters.

Jana läuft um das Haus und sucht die Hündin. Plötzlich sieht sie Alba, ganz eng an die Hauswand gedrückt, mit angelegten Ohren und zitternd. Jana ruft sie, und Alba stellt die Ohren auf, der Schwanz wedelt wie ein Propeller; sie rast zu Jana, springt immer wieder an ihr hoch, fiept und sirrt vor Glück. Jana lobt ihre Galga überschwänglich und ist sehr stolz auf sie. Alba ist nicht weggelaufen, sie hat sofort gehorcht. Die Hündin ist überglücklich, ihr geliebtes Zweibein wiedergefunden zu haben. Sie hatte sich einsam gefühlt, obwohl Sam bei ihr war und obwohl Jana nur wenige Minuten ohne sie im Haus gewesen ist. Sie wollte Jana suchen in der fremdem Umgebung. Immer und immer wieder lobt Jana ihre Hündin, und auch Albas Freude ist kaum zu bremsen. »Aber wenn jetzt ein Hase gekommen wäre, hätte sie hinterherrennen müssen! Bei Wild wäre sie auf und davon, das steckt ihr einfach im Blut! Wir haben sicher Glück gehabt, hier wimmelt es nur so von Wild!«, sagt Martin nachdenklich. Jana ist überzeugt, dass ihre Alba immer wieder zurückkommen würde. Aber was kann nicht alles passieren! Sie kann erschossen oder überfahren werden, sich verlaufen oder verletzen. Doch es ist ja alles nochmal gut gegangen.

Je besser Alba sich einlebt, desto mehr entwickelt sie sich zu einem echten Wachhund. Für eine Galga Español untypisch, schlägt sie viel und sehr wild an. Sie hat sich vorgenommen, jeden als Eindringling zu verjagen, und so verbellt sie konsequent auch Janas Freundinnen, ihre Bekannten und den Paketzusteller. Aber sie hat keine Angst mehr, sie bewacht ihr Revier und will ihr Rudel beschützen.

Im Dunkeln erwacht ihr Schutztrieb ganz besonders. Wenn Jana, Martin und Sam spät abends unterwegs sind, springt die Hündin vor, stellt die Ohren auf, reckt den Hals und bellt lautstark. Früher drückte sie sich ängstlich an Janas Beine, zitterte und duckte sich. Wenn die vier jetzt harmlosen Passanten begegnen, die freundlich grüßen, beginnt Alba wie wild zu bellen und stellt sich vor Jana. Es ist rührend, wie sie ihre neue Familie verteidigen möchte, und es ist auch schön, dass sie so selbstbewusst geworden ist, aber nun muss Jana die spanische Hündin fast ein wenig bremsen. Alba meint es gut, doch Jana will nicht, dass die Hündin durch ihr lautes Gebell harmlose Leute

verschreckt. Sie ist groß, hat einen kräftigen Brustkorb bekommen und die Leute fürchten sich im Dunkeln vor dem schwarzen, lautstark bellenden Hund. »Zumindest musst du in Begleitung der beiden Hunde jetzt wirklich keine Angst mehr haben«, meint Martin schmunzelnd.

Sam bellt so gut wie gar nicht. Aber die spanische Hündin ist ebenso verträglich und friedfertig wie der Rüde. Streicheln sie fremde Menschen, würde sie nie knurren oder schnappen. Aber man merkt, dass es ihr nicht angenehm ist. Sie möchte sich ihre Freunde selbst aussuchen, genau wie Sam. Auch mit fremden Hunden versteht sie sich weiterhin gut. Sie reagiert freundlich, lässt sich nur leichter provozieren als der Mischling. Als ein Riesenschnauzer hinter einem Zaun neben ihnen läuft, kläfft, knurrt und geifernd vor Wut in den Zaun beißt, bleibt Sam völlig gelassen. Er findet den tobenden Hund interessant und lustig, lässt sich aber nicht beirren. Alba dagegen stellt die Ohren und den Schwanz auf. Sie zerrt in wilden Sprüngen an der Leine und bellt dumpf. So sehr regt sie sich über den tobenden Riesenschnauzer auf.

»Ich werde mit ihr üben müssen, dass sie lernt, in solchen Situationen ruhig zu bleiben. Sie lässt sich viel zu leicht reizen und schlägt damit auch alle lieben Hunde in die Flucht. Das wird mir ein bisschen zu extrem.« Martin stimmt zu.

Und Jana übt mit Alba. Sobald die Hündin loslegt, bleibt sie stehen, sagt ein deutliches NEIN und legt ihr beruhigend die Hand auf den Rücken. Alba hört sofort auf. Sie ist keine aufsässige Hündin, nicht herrisch oder dominant. Sie muss nur einiges erst lernen, der Galguero hat sich schließlich nicht um die Hündin gekümmert, und auf der Straße und den Müllhalden herrschten andere Regeln.

Jana merkt immer wieder, dass Alba ein sehr hitziges Temperament hat. »Das wird eine ganz schöne Aufgabe. Sie hat wirklich spanisches Heißblut«, lacht Martin und ist froh, wenn er den gelassenen Sam an der Leine führen kann.

Auf Besen und Regenschirme reagiert Alba nach wie vor ängstlich. Als Martin beim Spaziergang den Schirm aufspannt, will Alba in Panik flüchten. Auch vor Taschen und gefüllten Tüten fürchtet sie

sich. Wenn jemand eine prall gefüllte Einkaufstasche trägt, wird Alba beinahe hysterisch vor Angst. Einmal fährt ein Auto an ihnen vorbei. Relativ dicht, aber nicht gefährlich. Da schreit die Hündin in den höchsten Tönen, springt in die Luft und will sich losreißen. Sie dreht sich im Kreis, legt sich schließlich wimmernd auf den Bauch und zittert entsetzlich. Die nachfolgenden Autos, die viel bedrohlicher heranbrausen, lassen sie dagegen völlig kalt. Alba muss am Motorengeräusch eine bestimmte Automarke erkannt haben. Irgendetwas an diesem speziellen Auto hat sie an ihre schreckliche Vergangenheit in Spanien erinnert. Vielleicht hat sie solch ein Auto verfolgt und wollte sie überfahren, wer weiß.

Alba liebt ihre kleine Familie immer mehr. Sie möchte am liebsten nur Jana, Martin und Sam um sich haben. Den Rüden begrüßt sie jeden Morgen schwanzwedelnd, umtanzt ihn und stupst ihn mit der langen Schnauze an. Sam und Alba sind noch immer keine guten Freunde geworden. Aber das Wichtigste ist, dass beide Hunde miteinander zurechtkommen und dass Sam nicht mehr beleidigt und unglücklich über den neuen Hausgenossen ist.

Mit Katzen hat Alba aber immer noch Probleme. Im spanischen Tierheim hat sie mit den Katzen gespielt, sie hat sie sogar an sich hochklettern lassen. Aber Alba weiß nicht recht, wie sie sich in ihrem neuen Heimatland Katzen gegenüber verhalten soll. Es kann sein, dass sie Katzen mit fliehenden Hasen gleichsetzt, die ihren Jagdtrieb erwecken.

Jana und Martin haben viele groteske Begegnungen. Auf einer Abendrunde trifft Jana wieder die beiden Schäferhunde, die bereits mehrfach Sam angegriffen haben. Die Schäferhunde laufen frei. Als der Besitzer Janas Hunde entdeckt, brüllt er seine Hunde an und schafft es gerade noch, den tobenden Rüden anzuleinen. Jana und Martin treten zur Seite, so weit sie können. Alba stellt sich vor sie und beginnt ärgerlich zu bellen. Nur Sam ist ruhig und freundlich. Ihn kann nichts aus der Ruhe bringen. Der Mann hat arge Not, seine beiden Schäferhunde zu bändigen. Er zerrt sie weiter, stolpert dabei über die rasende Hündin und lässt sie beinahe los. Jana hält Alba fest und bremst sie. Sofort hört die Hündin mit dem Bellen auf, so wie Jana es

mit ihr geübt hat. Sie ist stolz auf ihre beiden Hunde. Der souveräne Sam schaut interessiert, als seine beiden Feinde an ihm vorübergehen. Einerseits findet Jana es gut, dass Alba ihr Rudel mutig verteidigen möchte, aber sie soll die sowieso schon gereizten und aggressiven Schäferhunde nicht unnötig provozieren.

Die Schäferhunde grollen, brummen und knurren. Der Mann schleift sie weiter, brüllt und verflucht sie. »Jetzt können ja wir in Frieden weitergehen«, lacht Martin, immer noch ein wenig gestresst. »Den Schlimmsten sind wir schon begegnet und knapp entronnen!«

Es war wirklich knapp. Hätte der Mann seine tobenden Schäferhunde nicht rechtzeitig angeleint, hätte es einen bösen Angriff auf Sam und Alba gegeben. Der Mann scheint sich vor Alba zu fürchten. Denn noch ein weiteres Mal begegnen sie ihm im Dunkeln, und diesmal traut er sich kaum an ihnen vorbei. Wieder bellt Alba lautstark und wild, wieder muss Jana sie bremsen, und Alba schweigt gehorsam. »Der Typ hat keine Ahnung von Hunden«, meint Jana zu Martin. »Bestimmt hält auch der Alba für einen ganz gefährlichen Dobermann, den wir gekauft haben, um Sam gegen seine zwei gestörten Biester verteidigen zu können. Vor Sam ist er nie geflüchtet.« Doch Jana ist erleichtert, als sie die Tür hinter sich, Martin und den Hunden schließen kann, ohne dass ihnen etwas passiert ist. »Jede Nacht möchte ich denen aber nicht begegnen. Irgendwann reißt eine Leine, oder der Wahnsinnige hetzt seine Hunde auf uns!«, sagt auch Martin besorgt.

Alba zeigt jeden Tag neuen Mut. Auch die Angst vor dem Keller bekommt sie in den Griff, weil Jana viel mit ihr übt. Sie geht zwei Stufen hinab, hockt sich nieder und lockt die Hündin, die geduckt am Treppenabsatz steht, einen ganz langen Hals macht und ängstlich hinunterschaut. Jana verfügt über eine beinahe grenzenlose Geduld, und Alba vertraut ihr. Immer wieder ruft sie Alba, lobt sie für jeden winzigen Schritt, und schließlich geht die spanische Hündin die Treppe hinab, dabei hält sie sich zuerst aber noch ganz dicht an Jana. Unten wird Alba ausgiebig gelobt und gekrault. Dann erkunden die beiden gemeinsam Stück für Stück den Keller. Jana redet während der gesamten Zeit stets beruhigend und ermutigend auf den Hund

ein, und bei der Galga erwacht die Neugier. Sie reckt die Nase, schaut in jede Ecke, schnüffelt an den Winterreifen, an den Regalen und an der Waschmaschine. Jana ist stolz auf Alba. Auf dem Rückweg geht Alba schon selbstbewusst die Kellertreppe hoch. Sie hat gelernt, dass sie Jana absolut vertrauen kann. Solange Jana oder Martin bei ihr sind, wird ihr niemand mehr etwas Böses tun.

Eigentlich räubert Alba auch nicht mehr, aber dann geschieht etwas, das Jana und Martin zu Tränen rührt. Alba trabt aus der Küche und schleppt etwas auf ihr Hundepolster. Dieser Vorgang wiederholt sich einige Male. Martin ruft seine Freundin. Was war geschehen? Alba hat eine faulige Erdbeere, eine Käserinde und einen leeren Joghurtbecher aus dem Müll geholt, und nun liegt sie da, hat ihre Beute geschützt zwischen den Pfoten liegen und schaut traurig. Es ist ein tragisches Bild. Sanft nimmt Jana der Hündin den Müll weg und tauscht ihn gegen leckere Hundekekse, aber Alba hat gar keinen Hunger. Nur ihr Überlebenstrieb, Futter zu sammeln und für Notfälle wegzuschleppen, ist erneut über sie gekommen. Jana streichelt die Hündin, setzt sich zu ihr, und auch Martin ist dieses kleine Erlebnis sehr nahe gegangen. Rückfälle gibt es eben immer wieder. Und auch Martin und Jana werden nicht alle Brutalitäten des Lebens von Sam und Alba fern halten können, so sehr sie ihre Hunde auch behüten wollen.

Eine Freundin bittet die beiden, ihre siebenjährige Tochter übers Wochenende aufzunehmen. Lara ist ein liebes und ruhiges Mädchen, und Jana hofft, mit ihrer Hilfe Alba vielleicht die Angst vor Kindern ein wenig abgewöhnen zu können.

Doch dann kommt alles anders. Jana hat die Hunde ins Auto ihrer Freundin gesetzt. »Pass auf Albas langen Schwanz auf!«, sagt sie zu dem Mädchen, als es den Klappsitz einrasten lassen will. »Warte, ich halte ihren Schwanz, der klemmt sich überall ...« Weiter kommt Jana nicht, denn Lara hat den Sitz mit Schwung zurückgeschoben, sie ist sieben Jahre alt und denkt sich nichts dabei. Alba schreit und springt im Auto herum. Sam hechelt gestresst. Jana reißt den Sitz nach vorne. Lara weint, und Jana holt die schreiende Alba aus dem Wagen. Die weiße Schwanzspitze ist voller Blut. Alba kriecht zitternd auf dem

Boden entlang, die Augen dabei riesengroß geweitet vor Furcht und Schmerz. Jana ruft nach Martin, der das Kind trösten und Sam beruhigen muss.

Inzwischen kümmert sich Jana um die verstörte Galga. Sie streichelt die Hündin und führt sie vorsichtig zurück ins Haus, wo Alba panisch auf ihr Hundepolster springt. Jana besieht sich die blutende Schwanzspitze. Lara weint und weint, sie will sich bei der verletzten Hündin entschuldigen. Sam rast hektisch durch die Wohnung. Er ist ein sensibler Hund, Stress und schlechte Stimmung machen ihm schwer zu schaffen. Auch Jana ist den Tränen nahe, aber dem Kind zuliebe reißt sie sich zusammen. Sie telefoniert mit Sandra, die Ärztin ist, und diese rät zu einem Druckverband. »Die Schwanzspitze kann man sowieso nicht nähen. Wenn die Wunde blutet, wird sie wenigstens gereinigt. Ihr habt doch sicher ein Desinfektionsmittel, das tupfst du ganz vorsichtig auf die Wunde. Wickel den Verband nicht zu fest, damit die Schwanzspitze nicht abgeschnürt wird, aber doch fest genug, um die Blutung zu stillen. Dann fährst du morgen früh zum Tierarzt, ich mache nur sehr ungern Ferndiagnosen. Hoffentlich sind keine Schwanzwirbel gebrochen, sonst muss die Spitze im Notfall amputiert werden. Versuch mal ganz behutsam, ob du die Spitze bewegen kannst. Hängt sie abgeknickt herunter?«

Jana tut, wie die Freundin sagt. Es scheint kein Schwanzwirbel gebrochen zu sein. »Sollen wir nicht zum Notdienst fahren?«, fragt Jana immer wieder, aber Sandra verneint. »Der kann auch nicht viel machen. Fahrt morgen zu eurem Arzt!«

Alba lässt sich den Schwanz betupfen und umwickeln, sie gibt ständig ihre Pfote und wimmert leise vor Angst. Sie lässt Jana nicht aus den Augen, legt furchtsam die Ohren zurück und zittert, als wolle sie sagen: »Bitte, tu mir nichts. Du bist doch mein Freund. Sind denn alle Menschen böse? Geht denn die Qual bei euch weiter wie in Spanien?« Da ist es um Janas mühsam gewahrte Fassung geschehen. Sie wiegt das Tier in den Armen, hält es fest und weint hemmungslos. Ausgerechnet Alba muss das passieren, die schon soviel Böses hat erdulden müssen. Jana ist erschüttert. Sie hat der Hündin versprochen, dass ihr nie wieder ein Leid geschehen wird, aber solch ein Versprechen ist leider nicht immer einzuhalten.

Martin ist im Nebenzimmer damit beschäftigt, die weinende Lara zu trösten. Dem Kind tut es auch sehr leid, dass ausgerechnet sie den armen Hund verletzt hat. Lara ist ein sensibles Mädchen und macht sich Vorwürfe. Martin hat alle Hände voll zu tun, denn auch den aufgeregten Sam kann er nur schwer beruhigen, der wie ein Verrückter umhertrabt und röchelt. Es ist ein schrecklicher Tag, und Jana ist immer noch kurz davor, doch noch zum Notdienst zu fahren.

Da der Abendspaziergang noch aussteht und Lara sowieso nicht schlafen kann, packen Martin und Jana Hunde und Kind ins Auto, diesmal in den Kombi. Albas Angst ist wieder da, als habe das Erlebnis ihre alten Wunden wieder aufbrechen lassen. Sie kriecht an der Hauswand entlang zum Auto, springt ängstlich hinein, zittert und schaut mit wachsamen Augen. Offensichtlich rechnet sie mit dem Schlimmsten, die Ohren sind eng an den Kopf gelegt, der verwundete Schwanz ist zwischen die Hinterbeine geklemmt. Zu fünft fahren sie ins Industriegebiet, denn dort kann man abends und an Wochenenden herrlich wandern. Es gibt viele Grünflächen, es ist still und einsam, und es gibt Hasen, Kaninchen und Füchse zu sehen. Alba hält sich dicht an Jana, sie zuckt bei jedem Geräusch zusammen. Als ein großer LKW an ihnen vorbeifährt, wirft sie sich platt zu Boden und winselt. Jana muss sie trösten und ihr pausenlos gut zureden. Sie fühlt sich zum Heulen und hat unendliches Mitgefühl mit dieser armen Kreatur. Und dass die spanische Galga ihr Leid so sanftmütig erduldet und wie ein hilfloses Opfer wirkt, rührt Jana erneut zu Tränen. Und wieder denkt sie, Alba ist einfach zu lieb für diese raue Welt.

Sie sehen einen Fuchs vorbeihuschen, einige Kaninchen hoppeln, und das bringt die Gruppe auf andere Gedanken, jedenfalls für eine kurze Zeit. Lara hört auf zu weinen und ist begeistert von dem Fuchs. Nie zuvor hat sie einen zu Gesicht bekommen. Sam reißt an der Leine und gibt Hetzlaut, und selbst Alba wird munter. Aufmerksam stellt sie die Ohren auf, schaut gebannt den Kaninchen hinterher und vergisst für einige Minuten ihre Angst. So nimmt der Spaziergang doch noch ein gutes Ende. Beim Einsteigen ins Auto und besonders beim Schließen der Türen hält Jana den verwundeten Hundeschwanz, denn keiner will ein erneutes Risiko eingehen. Der Schwanz der Galga ist lang und dünn und damit überall leicht verletzbar.

Zu Hause bringt Martin Lara, die sich inzwischen beruhigt hat, zu Bett, und Jana tröstet Alba. Sie sitzt auf dem Hundepolster, krault die Hündin und redet mit ihr. Alba hat die lange Schnauze auf Janas Bein gelegt, lässt sich verwöhnen und scheint nicht mehr ganz so verstört zu sein. Sam schläft und schnarcht dabei lautstark. Und endlich geht auch Jana zu Bett. Am nächsten Morgen ist sie früh auf den Beinen und betrachtet Albas Wunde. Der Verband hat nicht gehalten. Man kann den langen, dünnen Galgoschwanz eben nur schlecht an an seinem Ende verbinden. Die Wunde blutet und nässt, und Alba leckt daran.

»Wir fahren zum Tierarzt!«, beschließt Jana sofort. Da der Tierarzt Urlaub hat, fahren sie zu einer Vertretung. Lara wird vorher bei ihrer Mutter abgesetzt, wo sie sich von Alba verabschiedet und sich dabei immer wieder entschuldigt. Die Hündin bringt aber weder das Mädchen noch das Auto mit dem Unfall in Verbindung. Sie ist nur insgesamt wieder vorsichtiger und ängstlicher geworden.

Zum Glück ist die Vertretung des Tierarztes äußerst nett und ruhig. Alba wird gewogen. 24,5 kg bringt sie auf die Waage, hat also seit ihrer Ankunft gut zugenommen. Jana hebt die Hündin auf den Tisch, die Tierärztin schert die Haare um die Wunde herum und desinfiziert diese dann. Jana fragt nach, ob sie nicht doch schon gestern hätte kommen sollen, aber die Ärztin beruhigt sie: »Das hätte man sowieso nicht nähen können. Wenn Sie nachts zum Notdienst gefahren wären, hätte man dort auch nichts tun können. Es sieht auch gar nicht so böse aus, ich spritze dem Hund ein Antibiotikum und gebe Ihnen Tabletten mit.«

Alba steht zitternd auf dem Tisch und lässt die Behandlung geduldig über sich ergehen. Sie ist Leid gewohnt, und Jana ist immer wieder gerührt, wenn sie sieht, wie Alba jeden Schmerz erträgt. Diese Duldsamkeit hat fast etwas Dramatisches.

Nach dem Besuch beim Tierarzt machen die vier eine lange Wanderung. Alba ist wieder fröhlicher. Sie will jede Wespe, Biene oder Hummel schnappen. Blitzschnell springt sie dabei in die Luft. Sie wedelt bereits wieder mit ihrem Schwanz und stellt die Ohren hoch. Die Tierärztin hat aber gewarnt: »Sie müssen aufpassen, dass Alba den langen Schwanz beim Wedeln nicht überall gegen knallt, das ist

Gift für die Wunde. Ich kenne das von meinem Greyhound, er hatte etwas Ähnliches, und er hat sich den Schwanz jedes Mal wieder aufgeschlagen. Die Schwanzspitze ist eine ganz blöde Stelle, da hält auch kein ordentlicher Verband. Lassen Sie Luft an die Wunde, aber Alba darf nicht daran lecken.«

Jana seufzt in Erinnerung an diese Worte, denn natürlich haut Albas langer Schwanz beim Wedeln gegen jede Tür, jede Wand, und natürlich beleckt sie die Wunde.

»Wir müssen einen Verband machen«, sagt Martin, als Alba erneut die Schwanzspitze mit der offenen Wunde gegen die Tür haut. Es ist schön, dass sie wieder wedelt. Ihre Fröhlichkeit ist zurückgekehrt. Sie springt wieder durchs Haus, stürmisch und lustig wie vorher. Nur der Wunde tut das nicht gut. Martin holt den Verbandskasten aus dem Auto. Jana desinfiziert die kranke Stelle, wickelt den Verband darum und verklebt ihn zuletzt. Alba rollt sich winzig klein zusammen, gibt jämmerlich die Pfote und schaut ihr Frauchen an, als wolle sie um Gnade bitten. Als Alba aufsteht und sich schüttelt, fällt der erste Verband schon ab. Das wiederholt sich einige Male. Es dauert lange, bis Martin eine Idee hat und der Verband endgültig hält. Das Lösen des Verbandes wird nochmal ein kleines Drama. Das Tape klebt in den Haaren, denn irgendwo muss es befestigt werden, und schließlich schneidet Jana den Verband vorsichtig auf. Die Wunde nässt weiter, sie sieht nicht sehr gesund aus. Die Heilung zieht sich hin und bereitet Jana noch viel Kummer. Aber Alba hat den Unfall gut überstanden; es ist kein ernsthafter Schaden zurückgeblieben.

Albas Verband muss täglich erneuert werden, und glücklicherweise trocknet die Wunde allmählich. Beim Verbandwechsel ist die Galga rührend. Sie gibt Pfote und macht sich klein. Ein Stück der Wundkompresse ist am Schorf festgeklebt. Jana versucht es behutsam zu lösen, aber Alba winselt und schaut ängstlich. »Das müsste doch später von allein abgehen!«, meint Martin, der Alba krault. »Wenigstens nässt die Wunde nicht mehr. Sie sieht doch schon viel besser aus.«

Dann ist es endlich soweit. Die Wunde ist verheilt. Noch einige Tage muss sie verbunden werden, da Alba den juckenden Schorf abbeißen will. Nur ein kleiner Riss ist noch zu sehen, und an der verletzten Stelle werden wohl nie wieder Haare wachsen. Jana ist froh,

denn sie hatte Angst, die Schwanzspitze müsse eventuell abgenommen werden. »So viel Pech kann ein einzelner Hund doch nicht haben!«, sagt Martin.

Alba will alles richtig machen. Sie will sich anpassen, aber sie muss immer noch lernen, was erlaubt ist und was nicht. Das erfordert viel Liebe und Einfühlungsvermögen, doch davon hat Jana mehr als genug. »Ist dir das nicht zu anstrengend mit zwei Hunden?«, fragt Janas Freundin oft, aber Jana lacht nur und kann aus vollem Herzen erwidern: »Nein, es ist wunderschön!« Ein wenig nachdenklich fügt sie hinzu: »Natürlich ist es manchmal viel Arbeit, aber Sam und Alba sind tolle Hunde. Überleg mal, wie schnell Alba stubenrein geworden ist, wenn man bedenkt, dass sie jahrelang im Zwinger gelebt hat, den sie nur für die Hasenjagd verlassen durfte, und später als Straßenhund auf Müllhalden herumirrte. Und ihre zickige Phase hat auch nicht lange gedauert. Und dass sie jetzt austestet, wie es ist, alle zu verbellen, meint sie ja nicht böse. Du weißt selbst, wie sanft sie ist. Sie braucht eben Grenzen, aber sie hat viel gelernt. Vor drei Monaten war sie noch ein spanischer Straßenhund, und manchmal benimmt sie sich eben noch so. Woher soll sie wissen, dass in der Stadt einiges anders ist und was man dort von ihr erwartet? Aber sie ist so bemüht und sie hört auf alles, was ich ihr sage. Sie ist überhaupt nicht stur oder aufsässig. Ein bisschen üben muss man immer. Sam habe ich als Welpe auch viel beigebracht. Alba ist ein ganz toller und lieber Hund. Und sie ist schon viel selbstbewusster als früher. Dass sie uns im Dunkeln beschützen will, finde ich im Prinzip auch gut, sie soll es nur nicht übertreiben. Und sie soll niemanden wild anbellen, mit dem wir reden wollen und den wir kennen. Was sie soll und was nicht so gut ist, das bringen wir ihr jetzt bei. Sie räubert nicht mehr, sie lässt Sofa und Bett in Ruhe und fährt wunderbar im Auto mit. Das sind doch ganz tolle Erfolge. Wir sind stolz auf Alba, sie macht das viel besser als die meisten Hunde, die schon seit Welpentagen hier leben! Und vor allem ist sie absolut gutartig und lieb. Das ist doch die Hauptsache. Geduld habe ich sowieso, und konsequent sind wir auch. Und ich liebe ich Hunde über alles!«

Einige Monate nur hat es gedauert, bis aus Alba ein ganz anderer Hund geworden ist. Sie ist dankbar, gerettet worden zu sein, und froh, endlich mit Zuneigung und Zärtlichkeit behandelt zu werden. Und ihre Dankbarkeit scheint unendlich zu sein. Es grenzt schon an ein Wunder, dass aus diesem verstörten, traumatisierten und fast verhungerten Wesen, das geduckt durchs Leben kroch und nur Böses erwartete, ein so lustiger, fröhlicher und selbstbewusster Familienhund werden konnte. All das können Liebe und Geduld bewirken und die Bereitschaft, auch schwierige Anfangsphasen zu überstehen.

Ohne die deutschen und spanischen Tierschützer, ohne den Verein und Menschen wie Martin und Jana wäre Alba wahrscheinlich längst tot. Sie wäre elendig auf einer Müllkippe verhungert, überfahren, an einem Baum aufgehängt oder brutal gesteinigt worden. Und es gibt Tausende von Hunden, denen es so geht und die noch keine Retter gefunden haben.

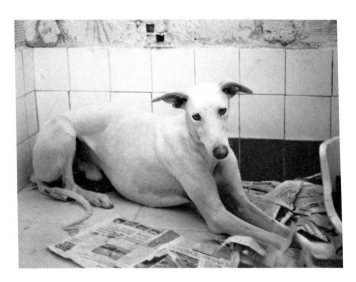

Galgo in einem Tierheim in Spanien

Der Hund von der Müllkippe

Ein magerer Hund schleicht geduckt über die Müllhalde. Er schnuppert an den zerdrückten Konservendosen und wühlt mit der Nase in den kläglichen Resten. Plötzlich springt er jaulend zurück. Er hat sich die Pfote an einer Glasscherbe blutig geschnitten. Aber dem Hund bleibt keine andere Wahl. Er muss sich sein Futter mühsam zusammensuchen. Tag für Tag. Er lebt auf dieser Müllhalde, denn er ist ein ausgestoßener Galgo. Genauer gesagt ein Galgo Español, ein Windhund, der zur Hasenjagd eingesetzt wird. Die spanischen Tierschützer haben dem Hund den Namen Olba gegeben, denn es handelt sich um eine Hündin.

Olba lebt seit sechs Monaten auf der Straße. Davor war sie eine Art lebende Gebärmaschine. Sie hat bei einem Galguero in einem dunklen Verschlag gelebt. Schon bei der ersten Läufigkeit werden diese Galgas gedeckt und werfen zweimal pro Jahr Welpen. Olba hat beinahe nichts zu fressen bekommen. Sie sollte Gewinn bringen, aber nichts kosten. Außerdem hat der Galguero sie mit Schlägen und Fußtritten traktiert, sie angeschrien und brennende Zigaretten auf ihrem Körper ausgedrückt. Alles aus purem Sadismus.

Die Galgos haben in Spanien keine Lobby. Kaum jemand weiß, dass sie wunderbare, sanftmütige Familienhunde sind. Diese Windhunde sind sehr duldsam und ohne Aggression. Deswegen sind sie leider auch die geborenen Opfer für brutale Menschen.

Olba hat mit vielen anderen Galgos zusammengelebt. Einige sind zum Training an die Stoßstange eines Autos gebunden worden. Dann mussten sie laufen bis zum Umfallen. Ein alter Rüde wurde zu Tode geschleift, ein anderer brach sich ein Bein und wurde einfach erschossen. Olba hat einen Wurf sehr schwacher Welpen geboren. Sie waren krank, und der Galguero hat sie herzlos auf den Müll geworfen. Olba trauerte um ihre Welpen und suchte sie. Das hat dem Mann Freude bereitet. Einer von Olbas Welpen ist von Kindern zu Tode gesteinigt worden. Seitdem hat Olba wahnsinnige Angst, wenn sie Kinderge-

schrei hört. Außer Leid und Quälerei hat sie bisher nichts erleben dürfen. Und da sie zu einer duldsamen, sanften Rasse gehört, hat sie sich nie gegen ihren Peiniger zur Wehr gesetzt. Sie hat alles ertragen und ist dabei immer verstörter und ängstlicher geworden. Am Ende hat der Mann sie mit einem Fußtritt aus dem Schuppen befördert. Er hat die Hündin mit einer Schlinge um den Hals an einen Ast gebunden. Aber Olba hatte Glück im Unglück, denn der Ast ist gebrochen. Sie konnte flüchten, aber seitdem ist ihr rechtes Hinterbein gebrochen. Sie schleppt es hinter sich her und erleidet dabei fast unerträgliche Schmerzen.

Nahezu verhungert vegetiert sie nun im Müll. Mit ihrem gebrochenen Bein kann sie nicht richtig jagen. Sie lebt von Schnecken, Wurzeln und verfaulten Essensresten. Außerdem hat sie Würmer und chronisch entzündete Ohren. Diese jucken immer, und Olba kratzt sie blutig.

Sie nimmt Reißaus vor den anderen Straßenhunden, denn diese sind stärker als sie. Hier herrscht eine strenge Hierarchie. Es geht um Leben und Tod. Nur der Starke kann auf Dauer überleben.

Mit ihrem dünnen Fell kann die kurzhaarige Galga sich nicht gegen Kälte und Nässe schützen. Nachts rollt sie sich jämmerlich klein in einem Gebüsch zusammen. Aber sie schläft nicht gut. Bei jedem Geräusch zuckt die Galga zusammen und schreckt auf. Sie fürchtet sich vor brutalen Menschen und anderen Hunden, die sie vertreiben wollen. Es ist kein schönes Leben, das Olba auf der Müllkippe führt.

Die Tierschützer haben sie entdeckt und wollen sie retten, bevor es endgültig zu spät ist. Sie haben Olba beobachtet und eine Lebendfalle aufgestellt. Aber die Galga ist zu ängstlich. Die Lebendfalle duftet zwar nach Futter, aber sie riecht auch bedrohlich nach Menschen. Olba umschleicht das merkwürdige Gebilde und schnüffelt erst mal lange daran. Sie will flüchten, ihr Instinkt warnt sie, aber dann siegt der nagende Hunger über die Furcht. Schließlich betritt sie die Falle und ist gefangen. Im Gefängnis gibt es wenigstens Futter und frisches Wasser.

Am späten Abend wird die Galga in ihrem Käfig abgeholt. Verstört drückt sie sich in eine Ecke und zittert. Sie traut keinem Menschen mehr und erwartet die gewohnten Schläge.

Olba landet in einem Tierheim. Dort sitzt sie völlig verängstigt an der Wand und würde sich am liebsten verstecken. Sie fürchtet sich auch vor dem Heulen und Bellen der anderen Hunde. Noch hat Olba nicht verstanden, dass sie gerettet ist.

Ihr Leben ist jetzt besser als auf der Straße, aber die spanischen Tierschützer haben kein Geld. Sie tun ihr Bestes, opfern jede freie Minute und jeden Cent, aber es sind einfach zu viele Hunde, die Hilfe brauchen. Der Platz und das Futter reichen nicht aus. Die Hunde müssen untersucht werden, dann entwurmt und geimpft. Danach werden sie kastriert und mühsam aufgepäppelt. Dünn bleiben sie trotzdem, dünn und ängstlich.

Olba steht längst im Internet und wartet, ohne es zu wissen, auf eine liebe Pflegefamilie. Sie soll nach Deutschland gebracht werden, um eine neue Chance zu haben. Aber erst müssen sich Menschen finden, die bereit sind, sie in Pflege zu nehmen. Das wird keine leichte Aufgabe. Olba ist extrem verstört. Sie duckt sich und zittert, sobald sie nur menschliche Stimmen hört. Und sie lässt sich nicht anfassen. Berührt sie jemand, erstarrt sie. Sie braucht danach Stunden, um sich einigermaßen zu erholen. Vor Angst uriniert sie oft. Ihr gebrochenes Bein ist operiert worden, aber es war nicht mehr zu retten. Nun muss es amputiert werden.

Mit drei Beinen und ihrer extremen Angst ist Olba ein Notfall-Galgo, für den sich eine Pflegefamilie nur schwer entscheiden kann. Sie muss daher mehrere Wochen im spanischen Tierheim bleiben. Dann endlich melden sich Interessenten. Sie haben bereits einen kastrierten Galgo-Rüden, der ebenfalls aus Spanien gerettet worden ist. Auch Zeno war ein Angsthund mit schrecklicher Vergangenheit. Die Familie weiß also, worauf sie sich einlässt und verfügt über die nötige Geduld und Erfahrung mit verstörten Straßenhunden. Das ist eine wichtige Voraussetzung, um einen Hund wie Olba aufzunehmen.

Und dann ist es soweit. Nach einer Vorkontrolle der zukünftigen Pflegeeltern kommt Olba zusammen mit anderen Windhunden nach Deutschland. Ihre neue Pflegefamilie wartet am vereinbarten Treffpunkt. Die Hündin wird mit guten Wünschen ins Auto geladen, wo sie sich ängstlich in ihre Box kauert. Der Galgo-Rüde Zeno wedelt freundlich, aber als er sich der Box nähert, erklingt ein Knurren. Olba

hat einfach zu große Angst. In ihrem neuen Heim öffnet der Mann die Box. Dann entfernt er sich. Er und seine Frau haben durch Zeno einiges gelernt. Futter und Wasser stehen vor der Hundekiste, und als Olba sich unbeobachtet fühlt, treibt sie der Hunger endlich hinaus. Sie schaut in jede Richtung, stürzt sich auf die Näpfe und saust anschließend schnell wieder zurück in ihre schützende Höhle. Die nächsten Stunden lässt sie sich nicht blicken. Schließlich kann die Frau Olba mit Futter hinauslocken. So kann die Box mit Decken ausgepolstert werden. Aber die Hündin kriecht geduckt und zittert. Sobald die Frau nur hustet, flieht die Galga in äußerster Panik.

Zeno ignoriert sie einfach. Sie tut, als sei der Rüde nicht vorhanden. Der Hund war bei seiner Ankunft ebenso verstört. Inzwischen ist er ein fröhlicher und verschmuster Familienhund geworden. Nur ableinen kann man Zeno nicht, denn er hat einen starken Jagdtrieb. Die Familie hat daraufhin den Garten mit einem 2,5m hohen Zaun umgeben. Galgos sind sehr sportliche Hunde, und der Garten muss ausbruchsicher gemacht werden. Als Zeno in den Garten läuft, beobachtet Olba ihn. Auch sie muss hinaus, aber vor Angst hockt sie sich nieder und uriniert im Haus.

Als die Frau sie behutsam in den Garten führen will, flüchtet Olba zitternd und verkriecht sich unter einem Busch. Dort fühlt sie sich etwas sicherer. Zeno umspringt den Strauch und steckt neugierig die lange Nase hinein. Aber er wird durch ein unfreundliches Keifen vertrieben. Erst als die Familie die Box vor den Busch stellt, springt Olba hinein und kann ins Haus zurückgetragen werden. So geht das auch die folgenden Tage. Zeno versucht es immer wieder, sich ihr zu nähern, aber er wird abgewiesen.

Olba lässt sich noch kein Geschirr anziehen, außerdem ist sie viel zu ängstlich, um spazieren zu gehen. Ihre Pflegemama hockt sich vor die Box und redet leise mit dem Hund. Olba spitzt immerhin die Ohren und hört zu. Am vierten Tag wedelt sie dreimal zaghaft mit der Rute, aber streicheln lassen will sie sich noch immer nicht. Sie duckt sich und schlottert vor Angst, wenn sich ihr jemand nähert.

Immerhin betritt sie inzwischen freiwillig den Garten und knurrt Zeno nicht mehr an, der sie beschnüffelt. Aber als er die Galga zum Spiel auffordert, reagiert sie irritiert und hilflos. In ihrem Leben ist

bisher kein Platz zum Spielen gewesen. Fröhlichkeit kennt sie nicht, nur Leid und Furcht. Als sie zum ersten Mal an der Leine geht, legt sie die Ohren an und klemmt den Schwanz zwischen die Beine. Sobald sie Passanten bemerkt, wimmert sie leise. Sie hält sich ganz dicht an ihre neuen Zweibeiner, als suche sie bei ihnen Schutz. Das ist ein gutes Zeichen.

Olba wirtd zutraulicher. Sie wedelt zunehmend mit dem Schwanz, wenn ihre Pflegeeltern mit ihr reden. Und sie wird langsam stubenrein. Wenn sie allerdings in Panik gerät, uriniert sie weiterhin vor lauter Furcht und es spielt keine Rolle, ob sie im Haus oder im Garten ist. Ihre Familie braucht viel Liebe und Geduld für den Hund. In täglicher Kleinstarbeit lernt Olba, dass sie an einem sicheren Ort angekommen ist. Aber natürlich gibt es immer wieder Rückfälle. Sobald Besuch kommt, rennt Olba hinter das Sofa und verkriecht sich. Wenn sie auf Spaziergängen laute Geräusche hört, drängt sie sich ängstlich an ihre Pflegemama. Und wenn lärmende Kinder sie anfassen wollen, schreit sie fürchterlich.

Mit ihren drei Beinen kann Olba keine weiten Spaziergänge machen, und das Treppensteigen schafft sie auch nicht. Aber im Großen und Ganzen kommt sie mit ihrer Behinderung gut zurecht. Viele Passanten werfen mitleidige Blicke auf den dreibeinigen Hund. Einige haben kein Verständnis und machen unverschämte Bemerkungen. Die Familie stört das nicht. Seit die Hündin eines Morgens dicht an Zeno gekuschelt in dessen Korb liegt, haben die Pflegeeltern sich entschlossen, die Galga endgültig aufzunehmen. So wird Olba adoptiert und kann für immer bleiben.

Die Gewöhnung an die neue Umgebung bleibt schwierig. Olba ist weiterhin schreckhaft. Aber sie macht täglich Fortschritte, und sie entwickelt sich zu einem sehr anhänglichen und liebebedürftigen Tier. Zenos Freude über den Rudelzuwachs nimmt zu. Allerdings bleiben Kinder für die Hündin stets unheimliche Wesen, und bei fremden Besuchern humpelt sie so rasch sie kann hinter das schützende Sofa und bellt. Laute Geräusche und Menschen mit Stöcken bleiben ihr auch zeitlebens ein Greuel.

Durch den Umgang mit dem fröhlichen Rüden lernt die verschüchterte Hündin das Spielen. Und als sie das erste Mal Zenos

Spielaufforderung annimmt und ausgelassen durch den Garten tollt, weiß ihre Familie, dass das Schwerste geschafft ist. Auch Olba wird ihre böse Vergangenheit irgendwann verarbeiten und überwinden können.

Sie kuschelt viel mit ihren Zweibeinern und hat einen großen Nachholbedarf an Liebe und Zuneigung. Ganz sanft wird sie in solchen Momenten und seufzt wohlig. Für Zeno wird sie eine gute Gefährtin, und kräftig zugenommen hat sie auch. Olba ist aufgeblüht und hat wieder Spaß am Leben gefunden. Sie genießt es, in Ruhe schlafen zu können und sich geborgen zu fühlen. Nachts leidet sie noch lange unter schrecklichen Alpträumen, wimmert und zuckt. Dann muss ihr Frauchen sie wecken und trösten. Die Galga rührt ihre neue Familie noch immer zu Tränen. Es ist unfassbar, was Menschen diesen wunderbaren, sanftmütigen Tieren antun.

Ein Blick in Olbas braune und friedliche Hundeaugen genügt, um zu begreifen, wie wichtig es ist, diese Tiere zu retten. Nach all der Qual haben sich die spanischen Galgos ein Leben in Liebe und Geborgenheit verdient. Und sie reagieren mit großer Dankbarkeit und geben die Zuneigung, die ihnen entgegengebracht wird, tausendfach zurück.

Einzelschicksale in Wort und Bild

Ala

Ala wurde inmitten toter Hunde mit einem Strick um den Hals gefunden. Sie war aufgehängt worden. Das ist eine der Methoden, sich der nicht mehr benötigten Galgos zu entledigen. Ala konnte gerettet werden.

Silke Otto
ElAmani@gmx.de

Alba

Alba im spanischen Tierheim. Sie wurde schwer krank und nackt aufgefunden. Sie bettelte Schulkinder um Futter an, um zu überleben.

Ulrike Feifar
www.tiervermittlung.org

Alba im neuen Zuhause

Andresina

Andresina im Tierheim in Madrid, wo sie aufgepäppelt werden sollte. Sie hatte einen inoperablen Mehrfachbruch der Hüfte. Tapfer kämpfte sie um ihr Leben. Andresina starb an einem Blutgerinnsel, bevor sie zu ihrer Pflegemama nach Deutschland kommen konnte.

Ulrike Feifar
www.tiervermittlung.org

Asyca

Asyca im Tierheim in Spanien. Sie wurde ausgehungert und humpelnd auf einer Müllkippe gesehen, von spanischen Tierschützern mit einer Lebendfalle gefangen und somit gerettet.

Asyca

Asyca direkt nach ihrer Ankunft: Sie ist abgemagert, voller Wunden und hat schreckliche Angst. Aus ihrer Flugbox traut sie sich lange nicht heraus. Der Deckel der Kiste muss schließlich abgeschraubt werden.

Der erste Ausflug in den Garten – Asyca ist noch sehr verstört und schwach.

Schon sicher ohne Flugbox im Auto

Asyca

Der erste vorsichtige Kontakt mit anderen Hunden

Broke

Broke wurde über die Mauer des Tierheims geworfen. Dabei zog sie sich einen Trümmerbruch der Pfote zu. Sie kam zur Behandlung in die Klinik. Kurz bevor sie nach Deutschland gebracht werden konnte, haben die Tierheim-Mitarbeiter sie so vorgefunden. Sadisten waren ins Tierheim eingebrochen, hatten ihr die Kehle durchgeschnitten, sie am Gitter aufgehängt und verbluten lassen.

Beauty

Beauty wurde erschossen und von spanischen Tierschützern so aufgefunden. Alle Versuche, sie zu retten, kamen zu spät.

Brutal erhängter Galgo – dieses Schicksal teilt er mit vielen seiner Artgenossen.

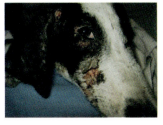
Dieser Hund wurde bei lebendigem Leibe angezündet.

Fotos: www.tiervermittlung.org

Dulce

Dulce kommt aus Toledo. Dort befindet sich die Jagdregion Spaniens, das Galgo-Elend ist also besonders groß. Vierzehn Tage bevor die Jäger ihre Hunde zur Jagd lassen, bekommen die in Rudeln gehaltenen Tiere kein Futter mehr, um dann – ausgehungert, wie sie sind – besonders gut zu jagen. In ihrer Not fressen sich die Hunde vor Hunger selbst an, dabei hat Dulce im Alter von zwölf Monaten ihr Bein verloren. Frisch amputiert, stark unterernährt, mit inneren Verletzungen und einer Erkrankung kam sie hier an. Mit dem fehlenden Bein kommt sie inzwischen gut zurecht. Sie springt und spielt auch gern, aber ihre innere Erkrankung muss ständig behandelt werden, und sie bekommt deshalb Spezialfutter.

Silke Otto
ElAmani@gmx.de

Gaviota

Gaviota ist eine so liebe Hündin, dass man es kaum beschreiben kann! Die ersten Tage mit ihr waren nur Hoffen und Bangen ...

Völlig nackt, ohne Fell, mit einem zerschossenen Oberkiefer und ihren kaputten Füssen kann Gaviota kaum laufen. An allen vier Pfoten wurden die Sehnen durchtrennt, und als ob das noch nicht reichte, versuchte man, die rechte Vorderpfote abzuschneiden. Der Schnitt geht rundherum und hat Sehnen und Gefäße zerstört. Auch die Ballen sind weggeschnitten, und alles hat sich infiziert. Der Fuß gleicht dem eines Panthers, so sehr ist er geschwollen. Die Angst und Schmerzen, die dieser Hund durchlebte, kann man sich kaum vorstellen.

Dazu kam, dass sie zwar einen Bärenhunger hat, aber ihr Futter oft nicht bei sich behalten kann. Sie hatte sich in Spanien von Steinen und Gras ernährt und so wahrscheinlich ihr Verdauungssystem ziemlich geschädigt. Inzwischen bekommt sie zweimal täglich Schmerzmittel und Glukose per Tropf und Spezialfutter in kleinen Häppchen, in denen ich die Medikamente »verstecke«. Zurzeit liebt sie Dosenfutter und Welpennahrung; das kann sie gut kauen und schmeckt ihr wohl sehr.

Tagsüber liegt sie im Körbchen in meinem Arbeitszimmer und beobachtet, was alles passiert.

Das Aufstehen oder gar Laufen fällt ihr sehr schwer, aber wenn sie mich sieht, gibt es zaghafte Schwanzwedler. In der ersten Zeit hat mir das oft die Tränen in die Augen getrieben. Diese geschundene kleine Seele müsste doch eigentlich so wütend auf die Menschen sein, und wenn sie gebissen hätte, so hätte ich das gut verstanden. Aber nein, sie versucht aufzustehen und mir die Hände zu lecken, dabei geht das haarlose Schwänzchen ununterbrochen.

Ein Besuch beim Spezialisten bestätigte, was ich kaum zu hoffen wagte und was eigentlich an ein Wunder grenzt: Es haben sich »Ersatzblutgefäße« gebildet, die die schlimme Pfote weiterversorgen, so dass man nicht amputieren musste. Inzwischen wurde Gaviota operiert. Die Schwellung hat nachgelassen. Durch die durchtrennten Sehnen aber kann Garviota die Pfote nicht abrollen. Beim Laufen und beim Aufsetzen klingt es wie ein »tip-tip-tip-patsch«. Der Winter mit seiner Kälte hat den Genesungsprozess weit zurückgeworfen, doch die Kleine wird lernen, die Pfote wieder aufzusetzen.

Gaviota heißt »Möwe«. Fliegen wird sie sicher nicht, aber bitte drücken Sie mit mir die Daumen, dass sie eines Tages wieder gut laufen und vielleicht den Möwen hinterher jagen kann!

Die Schusswunden am Kopf sind gut verheilt, auch der Oberkiefer wurde operiert, als Gaviota so stabil war, dass sie die Narkose überstand.

Gaviota

Silke Otto
ElAmani@gmx.de

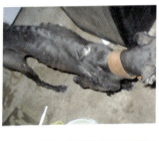
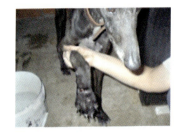
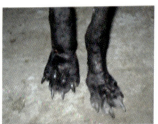

Fotos: www.tiervermittlung.org

Hachis

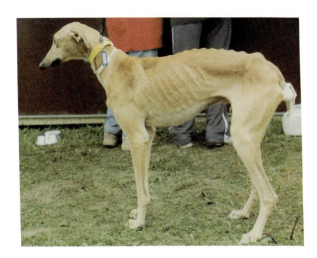

Hachis hat zusammen mit anderen Hunden unter schrecklichen Bedingungen gelebt. Ihm ist wahrscheinlich von Ratten der Schwanz abgefressen worden, weil er bereits zu schwach war, um sich zu wehren. Der Schwanz musste schließlich amputiert werden.

In Deutschland ist Hachis ein fröhlicher und glücklicher Hund geworden, den seine Pflegefamilie längst adoptiert hat. Petra Kumbier, FFFpetra@aol.com

Kepa

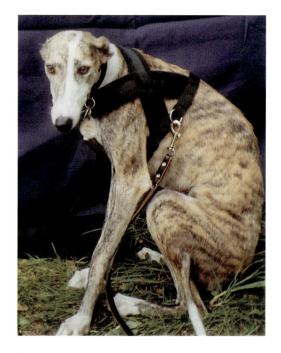

Kepa wurden in Spanien vermutlich von Kindern die Ohren abgeschnitten. Sie hat bis heute große Angst vor Kindern.

Lunita

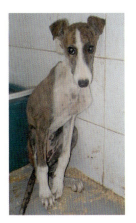

Lunita haben grausame Menschen im Welpenalter eine Pfote abgetrennt. Die Hündin wurde glücklicherweise gefunden und in einem Tierheim untergebracht. Jetzt lebt sie bei ihrer Pflegefamilie in Berlin und wird mit viel Liebe und Geduld aufgepäppelt. Die ersten Tage hat Lunita sich nur verkrochen, war ständig auf der Flucht und erstarrte, wenn jemand sie anfassen wollte.

Inzwischen lässt sie sich streicheln, aber die täglichen Spaziergänge sind ihr nach wie vor ein Horror. Sobald Lunita fremden Menschen begegnet oder laute Geräusche hört, gerät sie in Panik und versucht davonzulaufen. Ob ihr Bein amputiert werden muss, steht noch nicht fest.

Yvonne Kumbier
FFFpetra@aol.com

Ocha

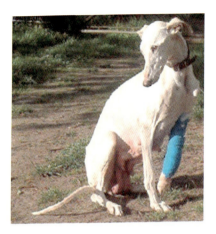

Ocha hat man mit einer mehrfach gebrochenen Vorderpfote gefunden, die im 90-Grad-Winkel abstand. Als sie zu ihrer Pflegemama kam, ging man davon aus, ihr Bein müsse amputiert werden. Nach der Operation sieht Ochas Bein viel besser aus. Es musste glücklicherweise nicht amputiert werden, sie bekam ein eigens für sie angefertigtes Implantat. Ocha wird immer behindert bleiben, aber das gleicht ihr lieber Charakter tausendfach wieder aus.

Ocha hatte nicht nur eine mehrfach gebrochene Pfote; sie war auch noch hochträchtig. Bei ihrer Pflegemama hat sie sieben Welpen geworfen, zwei Rüden und fünf Hündinnen. Sie lebt dort noch mit zwei ihrer Welpen.

Silke Otto, ElAmani@gmx.de

Oma

Im Juni 2002 trat Oma in unser Leben. Die damals etwa elfjährige Galgo-Grey-Hündin aus Madrid wurde uns von unseren spanischen Tierschutzfreunden vorgestellt. Jäger hatten sie jahrelang zur Zucht missbraucht. Als sie einen »nicht-rassereinen« Wurf zur Welt brachte, sollten die Welpen getötet werden. Bei der Verteidigung ihrer Jungen – sie legte sich schützend über sie – trat man ihr ein Auge aus. Tierschützer hatten diese Szene beobachtet, eingegriffen und sie und einen Welpen retten können.

Oma hat – von ihrem fehlenden Auge abgesehen – schwerste Arthrose und schlimme körperliche und seelische Narben aufgrund der jahrelangen Misshandlungen durch ihre Vorbesitzer. Man sagte uns, sie habe nicht mehr lange zu leben, und so wollten wir ihr die Gelegenheit geben, vor ihrem Tod noch etwas Liebe und Zuwendung zu erfahren.

Die ersten Wochen mit ihr waren schwer auszuhalten. Ein »zivilisiertes« Leben in einem Haus, in einer Familie mit einem »Rudel« aus Menschen, Hunden und Katzen war Oma völlig fremd. Sie war nicht nur daran interessiert, unsere Katzen zu töten, sondern verhielt sich auch Menschen gegenüber sehr aggressiv. Offenbar war sie es gewohnt sich durchzusetzen. Und ihre Traumata saßen tief. Um ganz ehrlich zu sein: In den ersten Wochen zweifelten wir fast jeden Tag daran, dass wir es schaffen würden, sie bei uns zu behalten. Aber wir gaben nicht auf, und das Durchhalten hat sich gelohnt. Als wir uns damit abfanden, dass Oma eine reife Persönlichkeit war und uns auf einige Kompromisse im Zusammenleben geeinigt hatten, wurde das Verhältnis zwischen ihr und uns zusehends entspannter. Eins war uns völlig klar: Einen Hund mit Omas Vergangenheit umzuerziehen, war nahezu aussichtslos. Aber wir konnten ihr wichtige Verhaltensregeln beibringen.

Erstes Gebot: Du darfst keine Katzen fressen!

Das hinzubekommen, war eine echte Herausforderung und nur durch ein mehrwöchiges, intensives Training möglich. Wir entwickelten ein »Codewort«, das immer, wenn Oma im Begriff war, eine unserer Katzen zu jagen, angewandt wurde, während wir sie gleichzeitig festhielten und beruhigten. Das »Codewort« funktioniert mittlerweile sogar in 80% aller Fälle, wenn wir draußen eine Katze treffen. Ein – wie wir meinen – beachtlicher Erfolg.

Zweites Gebot: Du sollst nicht stehlen!

Da alle Windhunde exzellente Diebe sind, war es wichtig für Oma zu verstehen, dass gelbe Säcke, Mülltonnen etc. keine »Supermärkte« sind. Durch konsequente Anwendung des Kommandos NEIN konnten wir ihr innerhalb weniger Tage beibringen, solchen »Wundertüten« keine Beachtung mehr zu schenken.

Drittes Gebot: Du sollst deine Menschen nicht beißen!

Hier mussten wir schon etwas massiver eingreifen und Oma klar machen, dass WIR die Rudelführer sind. Oma wurde beim leisesten Versuch sich aufzulehnen streng zurechtgewiesen und durch entsprechende Unterordnungsübungen trainiert. Innerhalb weniger Tage hatte sie ihre Lektion verstanden. Oma lernte außerdem Kommandos wie STEH, WARTE und natürlich KOMM. Befehle wie SITZ, PLATZ und FUSS haben wir erst gar nicht mit ihr geübt, da diese unserer Meinung nach nicht notwendig sind und Oma sich außerdem aufgrund der häufig auftretenden Schmerzen nicht auf Kommando in eine sitzende oder liegende Position begeben kann. Wir denken, dass gerade bei einem sehr alten und vorgeprägten Hund Kompromisse unumgänglich sind. Diese erschweren das Miteinander auch nicht.

In vielen Verhaltensweisen hat sich Oma auch durch ihre gesundheitlichen Behinderungen nicht verändert. Sie war und ist eine leidenschaftliche Jägerin und eine sehr dominante und selbstbewusste Hündin. Sie schließt keine Hundefreundschaften, sondern benimmt sich jedem Hund gegenüber neutral. Bei Menschen hat sie lange Zeit jegliche tiefere Bindung verweigert; ihre negativen Erfahrungen hinderten sie eindeutig daran. Je schlechter allerdings ihr Gesundheitszustand – auch altersbedingt – wird, desto mehr sucht sie nun unsere Nähe, wenn auch immer noch äußerst zurückhaltend. Ich nehme an, ihre sehr ausgeprägten Überlebensinstinkte signalisieren ihr, dass sie es alleine nicht mehr schaffen würde, und deshalb schließt sie sich ihrem »Rudel« enger an. Als sie das erste Mal ihren Bauch zum Kraulen anbot, waren wir völlig begeistert. Vor einigen Wochen hat Oma das Sofa entdeckt und genießt es sichtlich, darauf ein Nickerchen zu machen.

Unser schönstes Erlebnis aber war es, als Oma, die ehemalige Katzenkillerin, unsere Samtpfoten gegenüber einem fremden Hund

Oma verteidigte. In diesem Moment wussten wir, dass sie endlich ihr »Rudel« gefunden hatte.

Oma ist heute mit ihrem Leben – soweit wir das beurteilen können – sehr zufrieden, und wenn sie jetzt manchmal sogar mit Emily, einem unserer anderen Hunde, spielt, freuen wir uns wie kleine Kinder. Wenn wir sehen, wie sie es genießt, in der Sonne zu liegen, und ab und zu kommt, um ihren Kopf an unseren Beinen zu reiben, oder sich – zwar selten, aber doch – ganz fest an uns drückt, wissen wir, dass sie alles gibt, was elf Jahre Misshandlung ihr noch möglich machen. Oma, die eigentlich keine vier Wochen mehr zu leben hatte, hat ganz offensichtlich beschlossen, es doch noch etwas länger auf dieser Welt zu versuchen. Mit ihrem neu gewonnenen Stolz und ihrer Würde beeindruckt sie uns jeden Tag aufs Neue. Sie ist ein Gewinn für unser Leben, und wir bereuen es ganz und gar nicht, sie aufgenommen zu haben.

Wenn man als Mensch nicht den Anspruch hat, unumschränkter Herrscher über ein Lebewesen zu sein, kann man auch mit einem Hund wie Oma sehr harmonisch zusammenleben. Wenn man zudem die Fähigkeit besitzt, sich auch über kleinste Fortschritte zu freuen, ist die Aufnahme eines solchen Hundes eine echte Bereicherung. Wir würden es jederzeit wieder tun.

Ulrike Feifar, 1. Vorsitzende von »FAR FROM FEAR E.V.«, einem Verein zur Rettung spanischer Windhunde, und Betreiberin der Homepage http://www.tiervermittlung.org

Oma

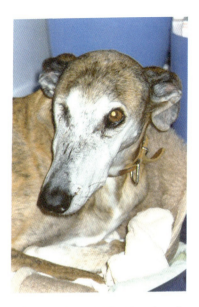

Galgo-Greyhound-Mischlingshündin
von Ulrike Feifar

Pavona

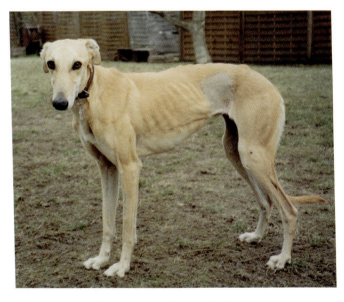

Pavona bei ihrer Pflegemama in Deutschland

Speed

Nicht immer sind es organische Erkrankungen, die wir behandeln müssen. Auch die Seele eines Tieres kann verletzt sein.

Speed musste im Alter von gerade sechs Wochen zusehen, wie ihre Mutter und ihr Bruder von Zigeunern erschlagen wurden, eine Schwester wurde bei lebendigem Leib angezündet; andere Hunde wurden totgeprügelt. Speed konnte mit einigen Rudelmitgliedern flüchten und hielt sich lange Zeit mit diesen versteckt. Kurz bevor die Hunde verhungerten, wurden sie von Tierschützern eingefangen.

Leider hat Speed in ihrem jungen Leben und vor allem in der für Welpen so wichtigen Sozialisierungsphase so viel Schreckliches erfahren, dass ihr Vertrauen in Menschen nicht mehr gegeben ist. Völlig untypisch für einen Welpen biss sie heftig um sich und bedrohte jeden, der ihr zu nahe kam. Als sie endlich in Deutschland war, lebte sie wochenlang unter dem Bett ihrer Pflegemama und kam nur hervor, wenn kein Mensch sich in der Nähe zeigte. Sie konnte noch so hungrig sein – gefressen hat Speed nur, wenn sie sich unbeobachtet fühlte. Kein Halsband und keine Leine ließ sie sich anziehen, mit angstgeweiteten Augen beobachtete sie die Menschen in ihrer Nähe aus sicherer Entfernung.

Inzwischen ist sie eine fast erwachsene Galga, lebt in einem Windhundrudel, und mit viel Geduld und Liebe schaffte es die Pflegemama, dass Speed wenigstens etwas Vertrauen aufgebaut hat. Die Leckerchen aus der Hand holt sie sich, aber Berührungen duldet sie bis heute nicht.

Ein großes Freilaufgelände musste ausbruchsicher eingezäunt werden, damit Speed, die nicht mit spazieren gehen kann, ihr Laufbedürfnis mit ihren Hundefreunden in diesem Terrain ohne Gefahr ausleben kann. Im Rudel ihrer Pflegemama hat sie – einer frei lebenden, wilden Katze gleich – ihren Platz im Leben gefunden.

Silke Otto, ElAmani@gmx.de

Zora

Zora kam sehr ängstlich und abgemagert direkt von einem Jäger ins spanische Tierheim und dann zu ihrer Pflegemama nach Deutschland. Leider waren ihre Nieren durch Fehl- und Mangelernährung so stark geschädigt, dass sie nur noch ein knappes Jahr bei ihrer Pflegemama in Sicherheit leben durfte und dann starb. In diesem einen Jahr konnte sie zum ersten Mal in ihrem Leben Liebe und Geborgenheit erfahren.

Silke Otto
ElAmani@gmx.de

Diese Galgos waren bereits vermittelt. Dann wurde ins Tierheim eingebrochen und sie wurden gestohlen.

Yvonne Kumbier
FFFpetra@aol.com

Happy End

Danksagung

Auf dieser Seite möchte ich allen danken, die mir bei der Verwirklichung meines Buchprojektes geholfen haben.

Herzlichen Dank an Ulrike Feifar, Petra und Yvonne Kumbier und Silke Otto von FAR FROM FEAR E.V. für die Fotos und Texte über das Schicksal ihrer Hunde und für die gute Zusammenarbeit.

Auch den Pflege- und Adoptiveltern, die hier nicht genannt werden möchten, deren Hunde-Fotos ich aber dennoch in diesem Buch verwenden darf, danke ich.

Viele Freunde haben unermüdlich Fotos von Galgos aus dem Internet heruntergeladen, ausgedruckt und dabei ihr Fotopapier verbraucht und ihre Farbpatronen geleert.

Ein großes Dankeschön geht an Nadine Bissen, Heidi Gärtner, Marie-Paule und Jean-Marie Kieffer, Sandra und Jochen Rhein, Sandra Uhlmann und Katrin Wunderlich.

Mein herzlichster Dank gilt Frau Charlotte Link, ohne deren großzügige Unterstützung dieses Buch gar nicht möglich gewesen wäre.

Das erste Buch von Rebecca Sytlof

31 Geschichten über Chow-Chows und andere Hunde, die dem Menschen einen tiefen Einblick in die Hundeseele geben

Weitere Tierbücher im MariPosa Verlag

Hannelore Nics
Viehlosophisches
Vieh-Fabeln zum Schmunzeln
ISBN 3-927708-38-0

Ingrid Kirchbrücher
Wiliam mit einem l
Ein Golden Retriever in Paris
ISBN 3-927708-35-6

Regina Marianne Kasten
Jerry
Die Geschichte eines Wachhundes, der Glück hat …
ISBN 3-927708-31-3

Käthe Gramer
Tiere mit Vergangenheit
Hunde aus zweiter Hand – interessante Anekdoten
ISBN 3-927708-27-5

Pia Bracony Schilling
Mein Berliner Hundehotel
Die schönsten Hundegeschichten der fünfziger Jahre
ISBN 3-927708-03-8

Christiane Klunker
Der Berg der Wahrheit
Ein Märchen über die Liebe und einen treuen Hund
ISBN 3-927708-17-8

Brigitte Seifert
Ein Job für Biggy
Ein Therapiehund erzählt von seiner Arbeit
ISBN 3-927708-25-9

Reihe: Das andere Rasseporträt

Band 1: Pia Bracony Schilling
Mein Leben für und mit 15 Doggen durch 37 Jahre
ISBN 3-927708-01-1

Band 2: Elisabeth Petzina
Dini Goldlocke
Berichte von einem ganz besonderen Golden Retriever
ISBN 3-927708-16-X

Band 3: Rebecca Sytlof
Des Menschen bester Freund …
Ein Chow-Chow zeigt, wie man Hunde besser versteht
ISBN 3-927708-32-1

Band 4: Beate Pürner (Hrsg.)
Japanisches Lächeln auf vier Beinen
Hundegeschichten über die nordische Rasse Akita
ISBN 3-927708-33-X

Band 5: Beate Schmöller
Aloha auf vier Pfoten
Ein Golden Retriever erobert die Welt
ISBN 3-927708-34-8

Mehr Informationen finden Sie im Internet unter:
www.mariposa-verlag.de